쉽게 배우는 모티브 뜨기의 기초

기본 모티브 뜨는 법과 모티브 잇기 테크닉 11가지

일본보그사 저 | 강수현 옮김

Contents

모티브를 뜨기 전에

- 4 코바늘로 모티브를 뜨기 위해 필요한 도구
- 5 코바늘과 실
- 8 코바늘과 실을 잡아보아요

모티브 잇는 법

- 32 모티브를 잇는 11가지 테크닉: 모티브를 연결한 미니 도일리

[모티브를 뜨면서 잇기]

- 39 테크닉 1
  빼뜨기로 뜨면서 잇기
- 42 테크닉 2
  짧은뜨기로 뜨면서 잇기
- 43 테크닉 3
  빼뜨기로 한곳에 여러 장의 모티브를 뜨면서 잇기
- 46 테크닉 4
  짧은뜨기로 한곳에 여러 장의 모티브를 뜨면서 잇기
- 47 테크닉 5
  한길 긴뜨기로 코바늘을 잠시 빼고 뜨면서 잇기
- 50 테크닉 6
  한길 긴뜨기로 코바늘을 잠시 빼고 여러 코를 뜨면서 잇기

모티브 뜨는 법

- 10 먼저 심플한 모티브를 떠보아요
- 20 뜨개바탕을 뒤집어서 뜨는 모티브도 있어요
- 24 변형 모티브 패턴이 나오면
- 26 컬러풀하게 뜨는 배색 테크닉을 배워요

[모티브를 뜬 다음에 잇기]

- 53 테크닉 7
  짧은뜨기로 잇기
- 56 테크닉 8
  빼뜨기로 잇기
- 57 테크닉 9
  반코를 휘감아 잇기
- 60 테크닉 10
  전 코를 휘감아 잇기

[모티브를 뜨면서 잇기 & 뜬 다음에 잇기]

- 61 테크닉 11
  연결 후 공간을 메우는 방법

모티브 1장으로 뜨는 소품

- 65 머리끈 & 핀 쿠션
- 66 미니 케이스
- 67 스마트폰 케이스
- 68 머그컵 커버
- 69 장식 칼라
- 70 북 커버
- 71 주머니

모티브를 응용해서 떠보아요

- 72 무릎 덮개 & 쿠션 커버
- 74 숄 & 장식 칼라
- 76 도일리 & 모자
- 78 꽃 머플러 & 래리어트
- 80 가방 & 미니 블랭킷
- 82 머플러 & 조리개 가방
- 84 납작 가방 & 삼각 숄
- 103 72~85쪽에 나오는 모티브 뜨기 포인트
- 105 이 책에 나오는 뜨개 기호와 뜨는 법
- 111 이 책에 나오는 테크닉 색인

코바늘로 모티브를 뜨기 위해 필요한 도구
모티브를 뜨기 전에

처음에 갖추어야 할 것은 '이것만 있으면 됐다' 싶은 간단한 도구로 충분합니다.
우선은 코바늘과 실, 그리고 마무리 실 정리며 모티브 연결에 사용하는 돗바늘.
가위는 가지고 있는 것을 써도 괜찮지만 작고 잘 드는 수예용 가위를 추천합니다.
단코표시핀은 있으면 편리합니다. 표시용으로 뜨개코에 걸어서 사용합니다.

1 단코표시핀
뜨개코에 걸어 표시를 합니다.

2 가위
끝이 뾰족해서 작은 부분도 자르기 쉬운 수예용 가위입니다.

3 코바늘
실에 맞는 굵기의 것을 골라 사용합니다. 자세한 내용은 5쪽에 실었습니다.

4 돗바늘
다양한 굵기가 있으며 실에 맞추어 사용합니다. 실을 뜨기 쉽게 만든 끝이 굽은 바늘도 있습니다.

5 실
소재, 굵기, 색상 등 다양한 종류가 있습니다. 자세한 내용은 5~7쪽에 있습니다.

코바늘과 실

뜨고 싶은 실의 굵기에 따라 적합한 코바늘을 선택합니다. 실은 여러 가지 소재며 느낌, 굵기가 있는데 실타래에 붙어 있는 라벨에는 그 실에 적합한 바늘의 호수가 표기되어 있으니 참고합니다.

코바늘과 레이스 바늘

코바늘은 끝이 갈고리 모양의 훅으로 되어 있고, 그 훅에 실을 걸어 뜨개질을 하는 도구입니다. 코바늘을 가늘게 만든 것을 레이스 바늘이라고 합니다. 코바늘은 2/0호, 3/0호와 같이 숫자가 커질수록 굵어지고, 레이스 바늘은 0호, 2호와 같이 숫자가 커질수록 가늘어집니다.

일반적인 한쪽코바늘, 양쪽에 다른 호수의 코바늘이 달린 양쪽코바늘 등이 있습니다. 손잡이가 두꺼운 것은 쥐기 편하고, 장시간 뜨개질을 해도 손이 쉽게 피로해지지 않습니다.

코바늘 실물 크기

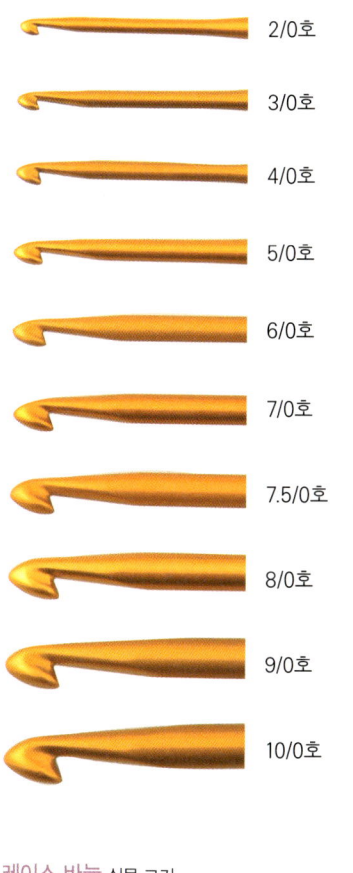

- 2/0호
- 3/0호
- 4/0호
- 5/0호
- 6/0호
- 7/0호
- 7.5/0호
- 8/0호
- 9/0호
- 10/0호

레이스 바늘 실물 크기

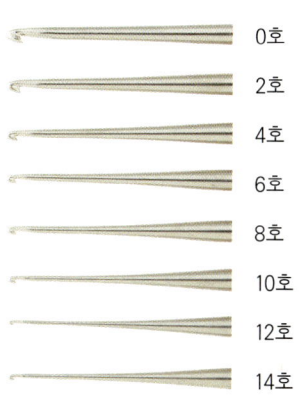

- 0호
- 2호
- 4호
- 6호
- 8호
- 10호
- 12호
- 14호

실

소재며 굵기, 모양에 따라 다양한 느낌을 즐길 수 있습니다. 처음 뜨는 사람에게는 코바늘 5/0호 정도로 뜰 수 있는 곧은 실을 추천합니다. 사진 옆의 극세, 합세…등의 표기는 실 굵기의 호칭입니다.

실물 크기

- 극세사 (레이스 바늘 4~0호)
- 합세사 (레이스 바늘 0~3/0호)
- 중세사 (2/0~4/0호)
- 합태사 (3/0~5/0호)
- 병태사 (5/0~6/0호)
- 극태사 (6/0~8/0호)
- 초극태사 (8/0~10/0호)

라벨 보는 법

실타래에 붙어 있는 라벨에는 그 실의 모든 정보가 쓰여 있습니다. 바로 버리지 말고 손뜨개가 완성될 때까지 보관합니다.

실의 취급법

실에 적합한 바늘의 굵기

뜨는 사람에 따라 뜨개코의 상태며 취향이 다르므로 반드시 이 굵기가 아니어도 좋습니다.

표준 게이지

표시된 대바늘로 메리야스뜨기를 했을 때, 사방 10cm에 들어가는 콧수와 단수. 작품을 만들 때 기준이 됩니다.

- 실의 이름
- 실의 소재
- 실의 무게와 길이 : 같은 무게일 경우, 실이 가늘수록 실의 길이가 길어집니다.
- 색 번호
- 로트 : 실을 염색했을 때의 가마 번호. 색 번호가 같더라도 로트가 다르면 색감이 약간 다를 수 있습니다. 실을 추가로 구입할 때에 주의합니다.

다양한 종류의 실로 떠보았습니다

한마디로 털실이라고 부르지만 그 종류는 여러 가지입니다.
울이며 코튼, 리넨 등의 소재는 물론, 그 모양도 각양각색.
같은 도안으로 떠도 전혀 다른 느낌으로 완성됩니다.

모티브를 뜨기 전에 | 실의 종류와 굵기

❋ **루프**
심플하게 뜨기만 해도
사랑스러운 실

❋ **몰**
둥근 몰 안은 동글동글 입체적

❋ **테이프**
납작한 실도 다른 실과는
다른 독특한 느낌

❋ **모헤어**
공기를 가득 머금은 모헤어는
가볍고 화려해요.

❋ **트위드**
군데군데 나오는
넵(nep, 작은 알갱이)이 포인트

❋ **컬러풀**
1가닥의 실에서 여러 가지
색깔이 나오면 뜨개질할
때마다 즐거워요.

다양한 굵기의 실로 떠 보았습니다

실의 굵기가 다르면 모티브의 크기가 이렇게 달라집니다.
꼬임(실을 꼬아 합치는 것)이 느슨하거나 소재에 따라 공기를 많이 머금는 실은
언뜻 보기에 굵어 보이지만 막상 뜨개질을 해보면 가는 실인 경우도 있습니다.

사진은 실물 크기입니다.

극세사
레이스 바늘 0호

합세사
2/0호

중세사
3/0호

합태사
4/0호

합태사
5/0호

병태사
6/0호

병태사
7/0호

극태사
8/0호

초극태사
10/0호

코바늘과 실을 잡아보아요

※ 실타래에서 손뜨개 시작 실을 뺀다

실타래의 중심에서 실 끝자락을 빼내, 거기서부터 손뜨개를 시작합니다. 실 끝자락을 찾을 수 없을 때는 실을 조금 뭉쳐서 뺀 다음 찾아도 괜찮습니다. 실타래 바깥쪽에도 실 끝이 있지만 거기서부터 뜨개질을 시작하면 실타래가 굴러다녀 뜨기에 방해가 됩니다.

세로로 길게 감긴 실타래도 마찬가지로 중심에서 실 끝자락을 뺍니다. 라벨을 떼지 않아도 실 끝자락을 뺄 수 있는 경우는 라벨을 그대로 둡니다.

레이스 실 등 중심에 딱딱한 심이 있고 그 심에 감겨 있는 실타래의 경우는 바깥쪽의 실 끝자락부터 사용합니다.

※ 실 거는 법 (왼손)

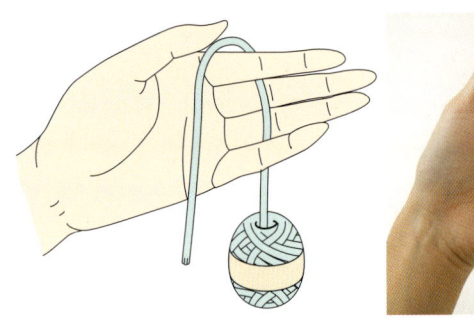 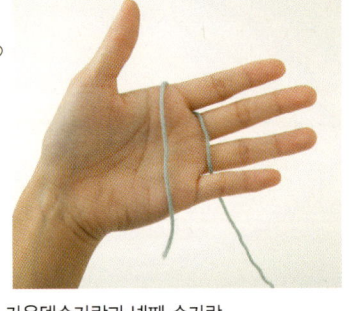

1. 실 끝자락을 앞으로 하여 왼손에 걸고, 왼손 가운뎃손가락과 넷째 손가락의 안쪽을 지나게 합니다.

잘 미끄러지는 실의 경우

실크 소재 같은 매끄러운 실의 경우. 새끼손가락에 실을 한 번 감으면 뜨개질하기 쉬워집니다.

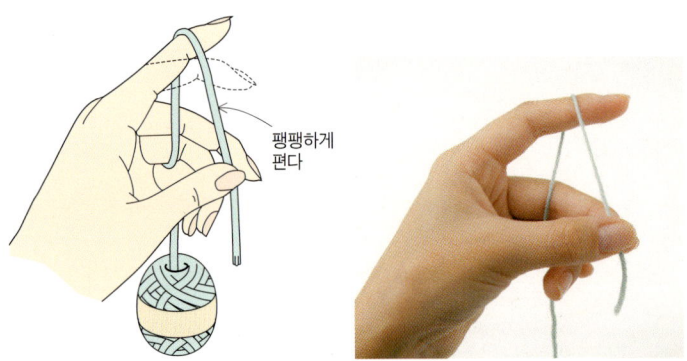

팽팽하게 편다

2. 엄지손가락과 가운뎃손가락으로 실의 끝 쪽을 잡고, 집게손가락을 뻗어 실을 폅니다.

※ 코바늘 잡는 법 (오른손)

오른손 엄지손가락과 집게손가락으로 가볍게 잡고, 가운뎃손가락을 댑니다. 앞쪽 끝의 갈고리 부분은 언제나 아래쪽을 향하도록 합니다. 힘을 주지 말고 편하게 움직입니다.

✄ 코바늘뜨기의 기본인 사슬뜨기를 떠보아요

코바늘과 실을 잡았으면 먼저 기초코(손뜨개의 맨 처음 시작)에서부터 사슬뜨기를 떠봅니다. 사슬뜨기는 모든 모티브에 나오는 기본 뜨기법입니다.

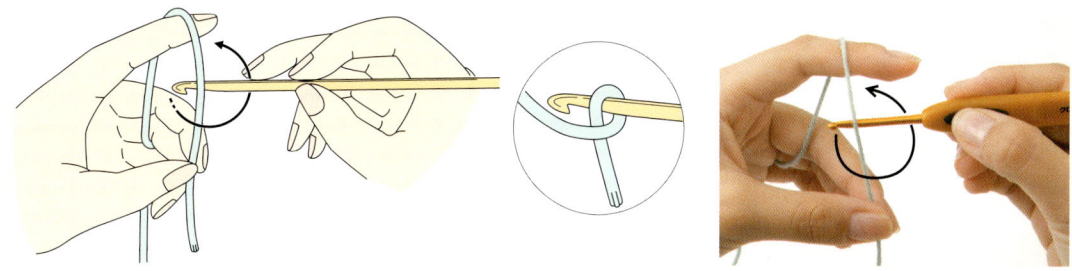

1. 왼손에 실을 걸고 오른손으로 코바늘을 잡았으면 화살표와 같이 뱅그르르 코바늘을 돌립니다.

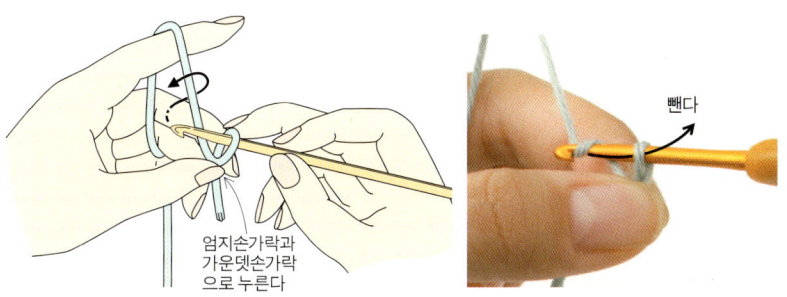

2. 1에서 만든 고리의 교차점을 엄지손가락과 가운뎃손가락으로 누르고, 그림과 같이 코바늘을 움직여 실을 건 다음, 고리 안에서 실을 뺍니다.

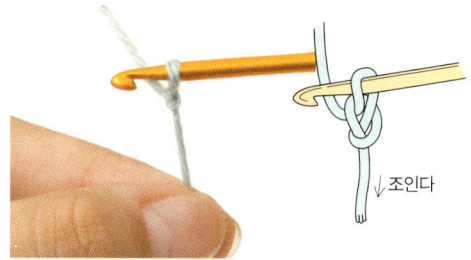

3. 실 끝을 당겨 조이면 첫 번째 코가 완성됩니다(이것은 콧수로 세지 않습니다. 사슬코를 뜨기 위한 토대라고 생각하면 됩니다).

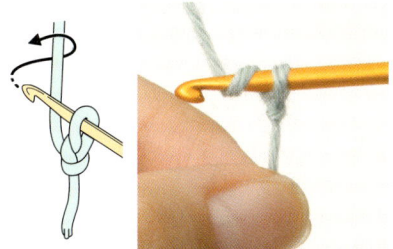

4. 화살표와 같이 코바늘을 움직여 실을 겁니다.

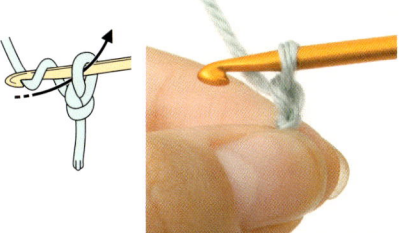

5. 코바늘에 걸린 코 안으로 실을 뺍니다. 이것으로 사슬이 1코 완성되었습니다.

6. 4, 5를 반복하여 필요한 콧수를 뜹니다.

7. 콧수가 늘어나는 것에 맞추어 왼손 엄지손가락과 가운뎃손가락의 위치도 옮겨서 뜨고 있는 부분이 안정되도록 코바늘 근처에서 지탱합니다.

사슬뜨기의 뜨개코 모양

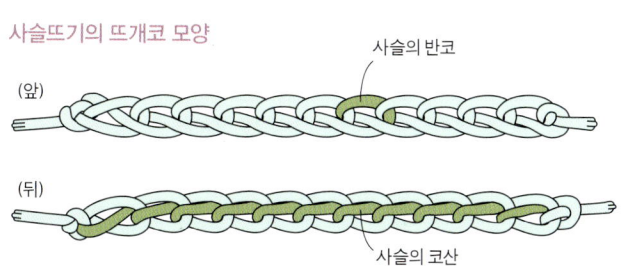

모티브 뜨는 법

먼저 심플한 모티브를 떠보아요

모티브를 뜨는 데 중요한 포인트는 크게 3가지가 있습니다.
먼저 손뜨개의 시작, 다음은 손뜨개 각 단의 시작과 끝, 그리고 마무리에서의 실 정리입니다.
여기서 다루는 모티브는 항상 앞을 보면서 빙글빙글 한 방향으로 떠 나가는 심플한 방법으로 뜹니다.
이 책에는 여러 가지 모티브에 공통되는 테크닉의 기본이 가득 담겨 있습니다.

A

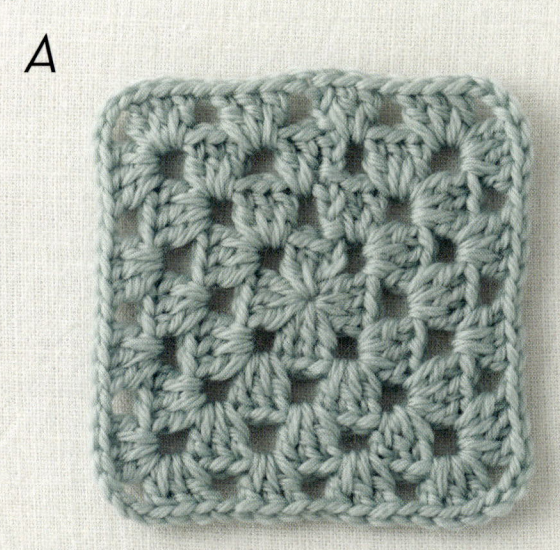

B

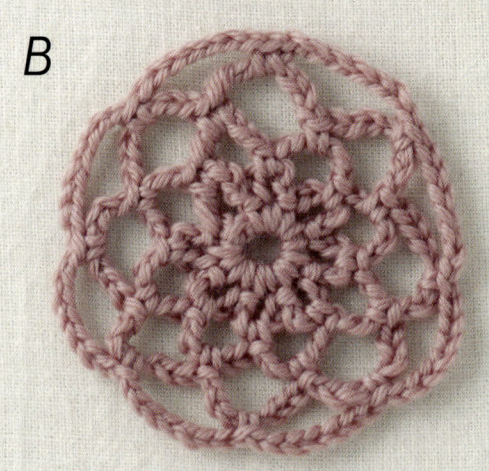

뜨개 도안

뜨개질을 할 때에 필요한 정보를 모아 정리해놓은 것을 뜨개 도안이라고 합니다.
뜨개 도안은 사슬뜨기며 짧은뜨기, 한길 긴뜨기 같은 뜨개코를 나타내는 '뜨개 기호'의 집합체입니다.
중앙의 초록색으로 표기한 부분이 손뜨개 시작(기초코)이고, 분홍색이 각 단의 손뜨개 시작(기둥코),
오렌지색이 손뜨개 끝입니다. 기호를 보고 시계 반대 방향으로 뜨면 됩니다.

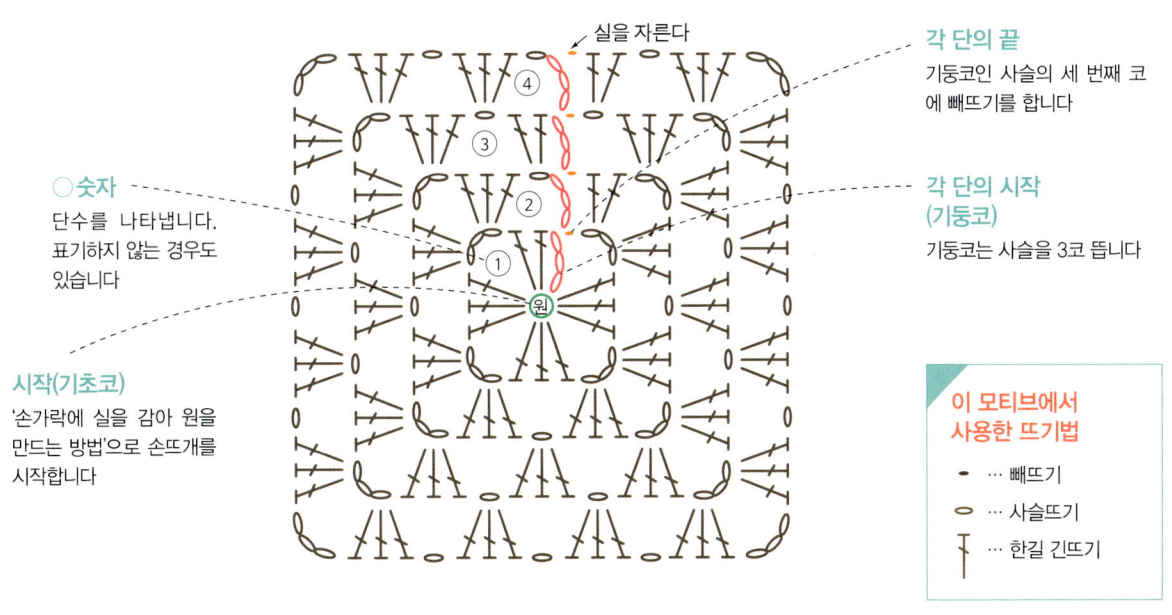

A 모티브의 뜨개 도안 [뜨는 법 12쪽]

- 실을 자른다
- 각 단의 끝: 기둥코인 사슬의 세 번째 코에 빼뜨기를 합니다
- 각 단의 시작(기둥코): 기둥코는 사슬을 3코 뜹니다
- ○숫자: 단수를 나타냅니다. 표기하지 않는 경우도 있습니다
- 시작(기초코): '손가락에 실을 감아 원을 만드는 방법'으로 손뜨개를 시작합니다

이 모티브에서 사용한 뜨기법
- ▬ … 빼뜨기
- ○ … 사슬뜨기
- ┃ … 한길 긴뜨기

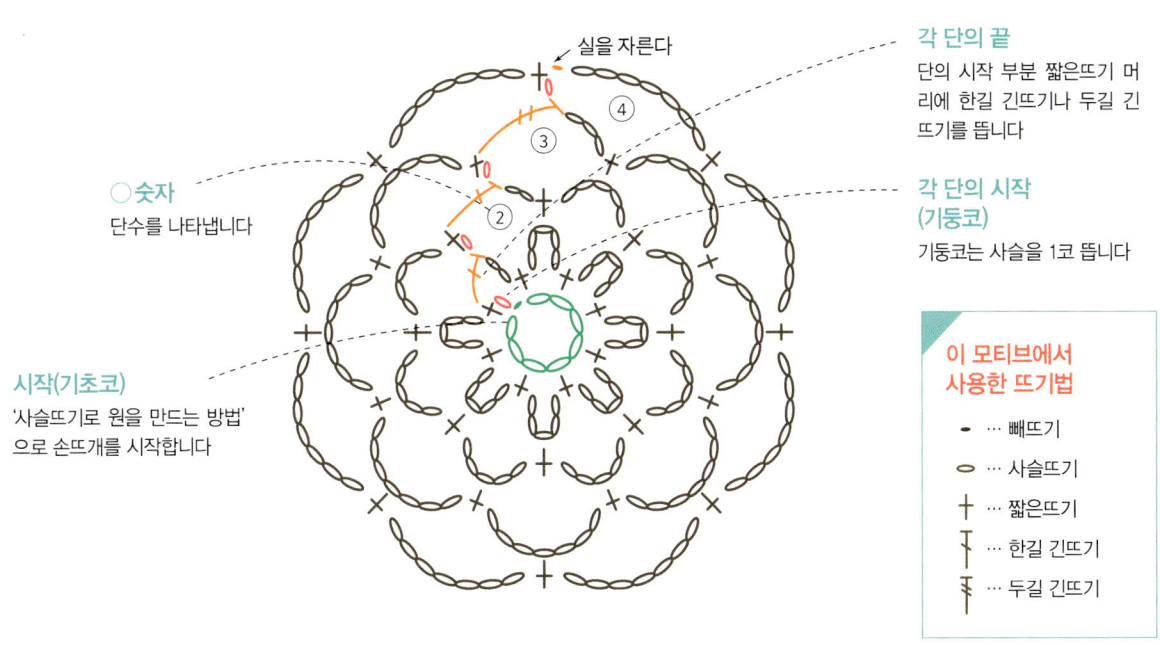

B 모티브의 뜨개 도안 [뜨는 법 16쪽]

- 실을 자른다
- 각 단의 끝: 단의 시작 부분 짧은뜨기 머리에 한길 긴뜨기나 두길 긴뜨기를 뜹니다
- 각 단의 시작(기둥코): 기둥코는 사슬을 1코 뜹니다
- ○숫자: 단수를 나타냅니다
- 시작(기초코): '사슬뜨기로 원을 만드는 방법'으로 손뜨개를 시작합니다

이 모티브에서 사용한 뜨기법
- ▬ … 빼뜨기
- ○ … 사슬뜨기
- ✚ … 짧은뜨기
- ┃ … 한길 긴뜨기
- ┃ … 두길 긴뜨기

*뜨개 기호에 대한 상세한 해설(뜨는 법)은 105·106쪽에 있습니다.

A 모티브 뜨는 법

Step 1 손뜨개 시작 (기초코)

'손가락에 실을 감아 원을 만드는 방법'으로 손뜨개를 시작합니다. 이 방법에서는 1단을 뜬 다음, 원을 조이므로 중심에 공간이 없는 모티브가 됩니다.

❋ 기초코의 표기…  (○로 표시되어 있는 경우도 있습니다.)

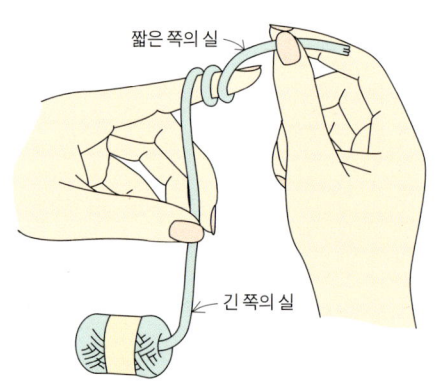
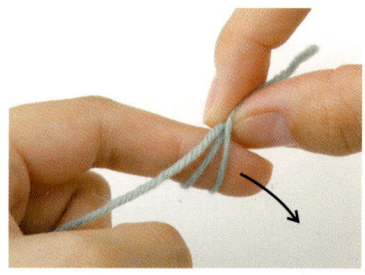

1. 왼손 집게손가락에 그림과 같이 앞에서 뒤로 실을 2번 감습니다. 원이 흐트러지지 않게 교차점을 누르면서 손가락에서 뺍니다.

2. 왼손에 실을 걸고, 고리를 왼손으로 다시 바꿔 듭니다. 그때 왼손의 엄지손가락과 가운뎃손가락으로 교차점을 꼭 누릅니다.

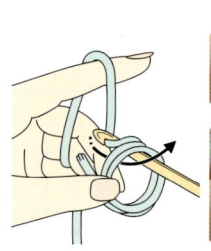
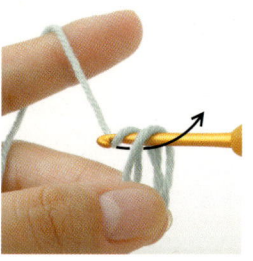

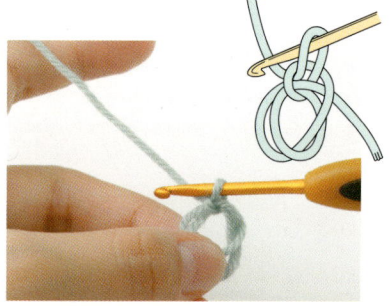

3. 원 안으로 코바늘을 넣고 실을 걸어 뺍니다.

4. 다시 한 번 실을 걸어 뺍니다.

5. 빼낸 코를 조이면 '손가락에 실을 감아 원을 만드는 기초코'가 완성됩니다.

Step 2 뜨개 도안을 보면서 뜹니다

11쪽의 뜨개 도안을 따라 떠봅니다. 뜨는 방향은 반시계 방향이므로 뜨개 기호를 왼쪽으로 계속 따라갑니다.

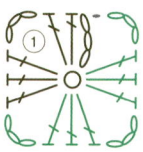

1. 먼저 사슬 3코(기둥코)를 뜹니다. 코바늘에 실을 걸고, 원 안으로 바늘을 넣어 한길 긴뜨기를 2코 뜹니다.

2. 한길 긴뜨기를 떴습니다. 다음은 사슬을 3코 뜹니다.

3. 사슬을 떴으면 1과 마찬가지로 코바늘을 원 안으로 넣고, 한길 긴뜨기를 3코 뜹니다.

4. 뜨개 도안을 보면서 마지막 사슬 3코까지 뜨고, 기초코의 원을 조입니다(13쪽 참조).

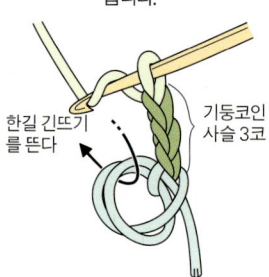
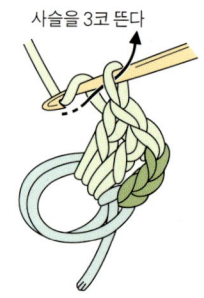
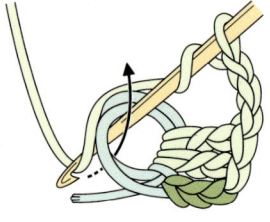

Point! 손가락에 실을 감아 원을 만드는 방법으로 손뜨개를 시작했을 때는 이 단계에서 반드시 원을 조입니다

1. 코바늘을 빼고 실 끝을 조금씩 당깁니다. 원을 이루는 2가닥의 실 가운데 1가닥이 움직입니다.

2. 움직인 실을 잡고 움직인 방향을 따라 원이 조여질 때까지 당깁니다.

3. 다시 한 번 실 끝을 당겨 2에서 느슨해진 실을 조입니다.

4. 다시 코바늘을 고리에 꽂고 다음 부분을 뜹니다.

Step 3 손뜨개 단의 끝과 다음 단의 시작

1단 끝부터 2단, 3단으로 뜨개질을 진행합니다.
여기서의 포인트는 손뜨개 끝의 빼뜨기와 다음 단의 기둥코입니다.

1단 끝

1. 1단의 기둥코인 사슬 세 번째 코의 반코와 코산에 바늘을 넣고, 실을 걸어서 뺍니다.

2. 빼뜨기를 했습니다. 1단을 완성한 것입니다.

2단

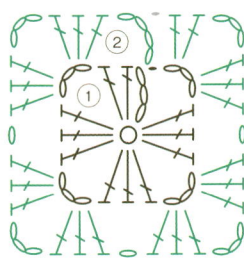
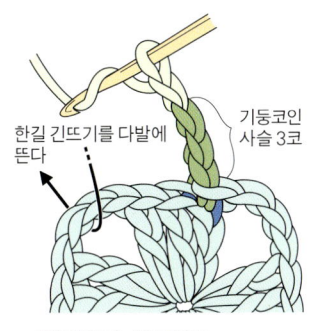

다발에 뜨기…28쪽 참조

3. 기둥코인 사슬 3코와 다음의 사슬 1코를 뜹니다. 다음은 앞단의 모서리 공간에 한길 긴뜨기를 3코, 사슬뜨기를 3코, 다시 한 번 한길 긴뜨기를 3코, 다발에 뜹니다.

4. 뜨개 도안대로 반시계 방향으로 진행하고, 마지막의 한길 긴뜨기 2코까지 뜹니다.

2단 끝

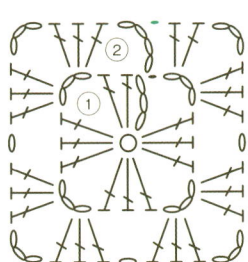
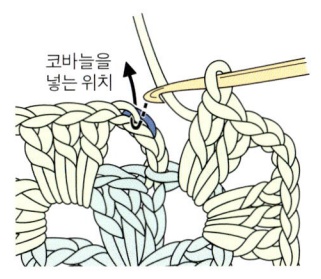

2단의 기둥코 사슬 세 번째 코의 반코와 코산에 바늘을 넣고, 빼뜨기를 하면 2단의 완성입니다. 뜨개 도안을 보면서 3단, 4단도 같은 방법으로 뜹니다.

Step 4 — 손뜨개를 끝낸 뒤의 실 정리

손뜨개를 마쳤으면 돗바늘을 사용하여 실을 정리합니다. 모티브를 뒤집어 겉으로 실이 나오지 않도록 주의하며 바늘을 뜨개바탕에 통과시킵니다.

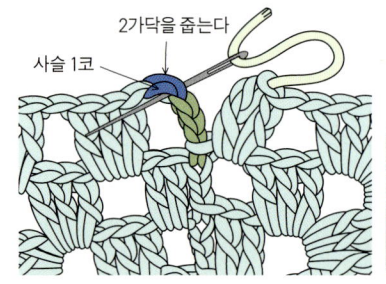

1. 마지막으로 한길 긴뜨기 2코를 떴으면 실 끝을 10cm 정도 남겨 자르고, 그대로 고리를 뺍니다.

2. 돗바늘에 실 끝을 꿰고, 기둥코의 다음 코(이 경우는 사슬코)에 뒤쪽에서부터 돗바늘을 통과시킵니다.

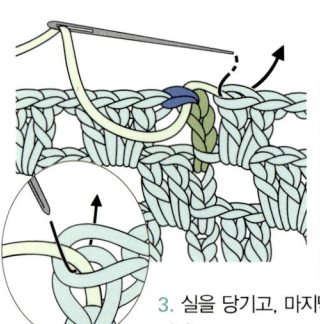
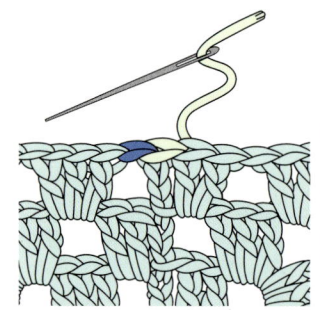
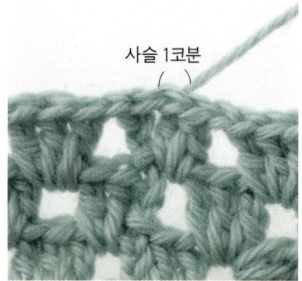

3. 실을 당기고, 마지막에 뜬 코의 중심으로 돗바늘을 넣습니다.

4. 사슬 1코분의 크기가 되도록 실을 당깁니다.

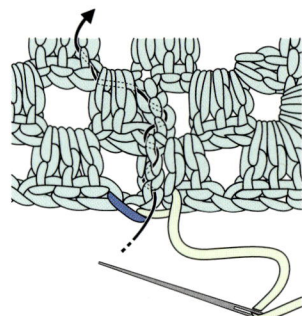

5. 모티브를 뒤집고, 중심을 향해 겉으로 드러나지 않게 주의하며 돗바늘을 뜨개코에 통과시킵니다.

> **Point!**
> **빼뜨기로 손뜨개를 끝낼 수도 있습니다**
> 과정 1~4 대신에 기둥코의 사슬코에 빼뜨기(13쪽과 같다)를 할 수도 있습니다. 단 돗바늘을 사용하면 더 예쁘게 완성됩니다. 빼뜨기로 끝내는 방법은 작은 모티브를 여러 장 뜨는 경우에 사용하면 좋습니다. 과정 5~7은 공통입니다.

❈ 손뜨개 시작 실도 정리합니다

6. 돗바늘에 손뜨개 시작 실 끝을 꿰어, 1단의 한길 긴뜨기 다리에 돗바늘을 통과시킵니다.

> **Point!**
> **손뜨개 시작 실 정리**
> 뜨개코가 촘촘한 모티브의 경우는 2단을 뜰 때에 손뜨개 시작 실 끝자락을 감싸면서 떠도 좋습니다. 하지만 이 모티브와 같이 공간이 있는 경우는 깔끔하게 감싸서 뜨기가 어려우므로 실 정리는 손뜨개를 끝마친 후에 합니다.

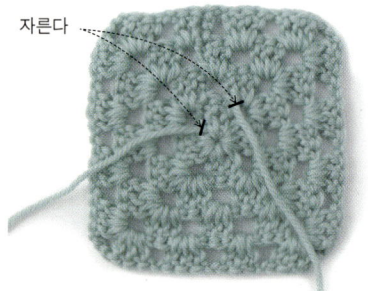

7. 모티브의 뒤쪽입니다. 손뜨개 시작, 끝 부분 모두, 실 끝을 바짝 자릅니다.

Point!

기둥코인 사슬의 콧수에 대해

기둥코는 다음 단을 뜨기 시작할 때에 필요한 높이만큼 사슬뜨기로 뜹니다. 사슬의 콧수는 기둥코가 본래 어느 뜨개코인가에 의해 결정됩니다. 예를 들어 A 모티브의 경우, 기둥코는 한길 긴뜨기의 자리에 있으므로 한길 긴뜨기 1코분에 해당하는 사슬 3코가 기둥코입니다. 짧은뜨기 코 이외의 기둥코는 1코로 계산합니다.

※ 뜨개 기호와 각각의 뜨개코와 같은 높이가 되는 사슬코 수

짧은뜨기의 기둥코는 사슬 1코이지만 다른 뜨개코처럼 사슬코가 짧은뜨기 1코를 대신하지는 않습니다. 손뜨개 단의 끝도 기둥코의 사슬코가 아니라 짧은뜨기 코에 빼뜨기를 하므로 주의합니다.

*
짧은뜨기의 뜨개 기호는 책에 따라 표기가 다릅니다. 뜨는 법은 같습니다
+ … 이 책의 기호, × … JIS 기호(JIS, Japanese Industrial Standards, 일본공업규격)

기둥코를 세우지 않고 뜨는 경우도 있습니다

짧은뜨기로 뜨는 모티브는 기둥코를 세우지 않고 뜨는 경우도 있습니다. 뜨개바탕은 중심에서 시작하는 소용돌이 모양으로 보입니다. 뜰 때는 단과 단의 경계를 구분하기 어려우므로 단코표시핀이나 실표를 붙여서 뜹니다.

[기둥코 없는 뜨개 도안]

[기둥코 없음]

[기둥코 있음]

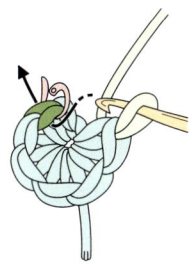

1. 1단을 떴으면 손뜨개 시작의 짧은뜨기 첫 번째 코에 단코표시핀을 걸고, 그 코에 짧은뜨기를 뜹니다.

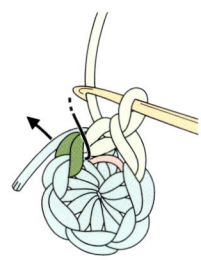

2. 뜨개 도안대로 같은 코에 짧은뜨기 1코를 더 뜹니다.

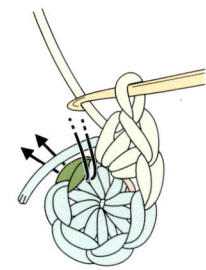

3. 이후에는 1코에 2코씩 짧은뜨기를 뜹니다.

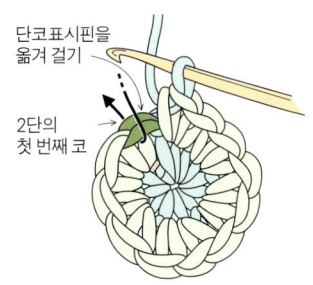

4. 2단을 다 떴으면 2단의 첫 짧은뜨기에 단코표시핀을 옮겨 걸고, 3단을 뜹니다. 이후는 단코표시핀을 첫 번째 코로 이동시키면서 뜨개질을 진행합니다.
※첫 번째 코를 뜬 직후에 그 코에 단코표시핀을 옮겨 걸어도 좋습니다.

B 모티브 뜨는 법

Step 1 손뜨개 시작 (기초코)

'사슬뜨기로 원을 만드는 방법'으로 손뜨개를 시작합니다. 이 방법은 사슬의 콧수에 따라 중심 공간의 크기가 고정됩니다.

❋ 기초코의 표기… ◯ (⑧ 이렇게 사슬의 콧수가 쓰여 있는 경우도 있습니다)

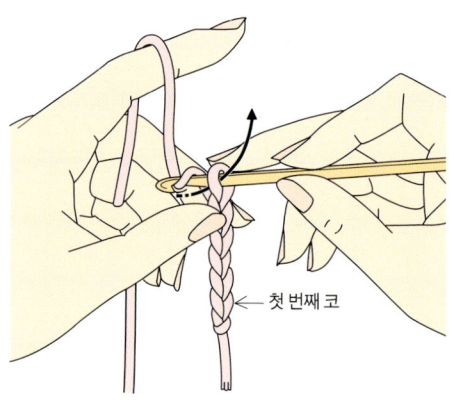

1. 9쪽의 사슬뜨기 기초코를 참고하여 필요한 콧수를 뜹니다. 이 모티브는 사슬이 8코 필요합니다.

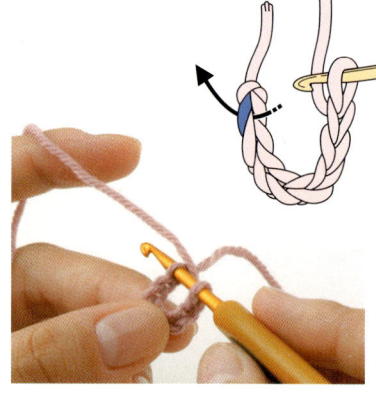

2. 사슬의 앞쪽에서 첫 번째 코의 반코와 코 산을 줍니다.

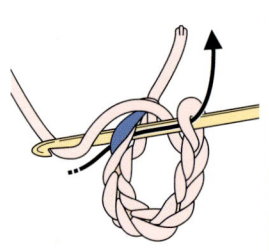

3. 실을 걸어 빼면 기초코가 완성됩니다.

4. 실 끝은 왼쪽으로 보냅니다.

Step 2 뜨개 도안을 보면서 뜹니다

기둥코로 사슬뜨기 1코, 짧은뜨기 1코의 순서로 뜨개질을 시작합니다. 실 끝자락을 감싸면서 뜨고, 시계 반대 방향으로 진행합니다.

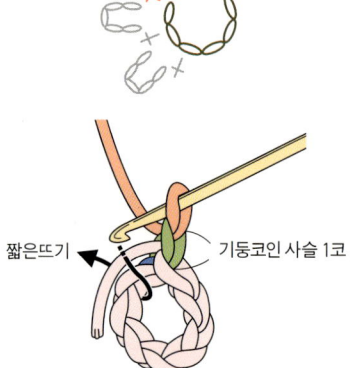

1. 기둥코로 사슬을 1코 뜨고, 원 안으로 코바늘을 넣어 실 끝자락을 감싸듯이 짧은뜨기를 뜹니다.

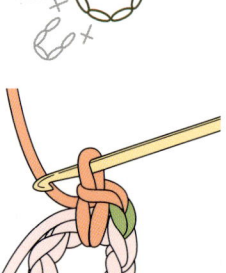

2. 짧은뜨기를 뜹니다.

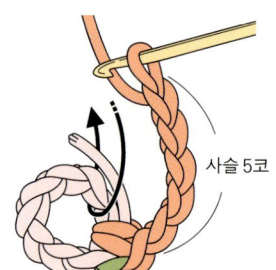

3. 그 상태에서 사슬을 5코 뜨고, 1과 같이 원 안으로 코바늘을 넣어 짧은 뜨기를 뜹니다.

4. 산 1개분의 무늬를 떴습니다. 뜨개 도안을 보면서 산 6개분을 더 뜹니다.

 **Step 3** 손뜨개 단의 끝과 다음 단의 시작

사슬뜨기와 짧은뜨기로 산을 만들면서 뜨는 뜨기법(그물뜨기)에서는 산의 중앙에 기둥코가 오게 하여 단을 끝냅니다.

1단 끝

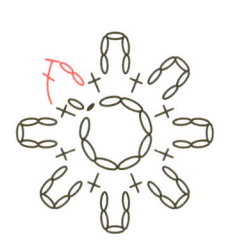 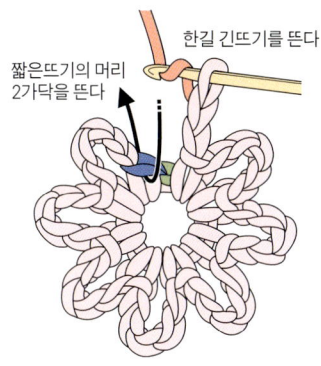  

1. 마지막 산은 사슬을 2코 뜨고, 1단 손뜨개 시작의 짧은뜨기 머리 2가닥에 코바늘을 넣어 한길 긴뜨기를 뜹니다.

2. 한길 긴뜨기를 떴습니다. 이것으로 손뜨개의 1단을 끝냈습니다.

2단 시작

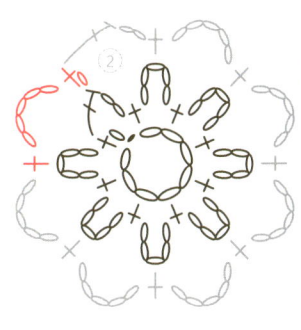 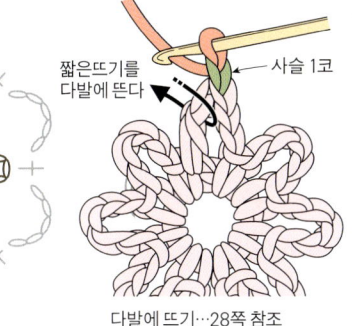  

다발에 뜨기…28쪽 참조

1. 기둥코인 사슬 1코를 뜨고, 직전의 한길 긴뜨기를 떠서 생긴 공간에 코바늘을 넣어 짧은뜨기를 다발에 뜹니다.

2. 사슬뜨기를 5코 뜨고 짧은뜨기 1코 뜨기를 반복합니다. 사진은 산 1개분을 뜬 모습

2단 끝과 3단 시작

 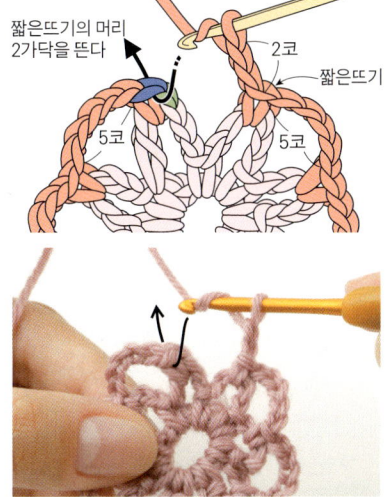 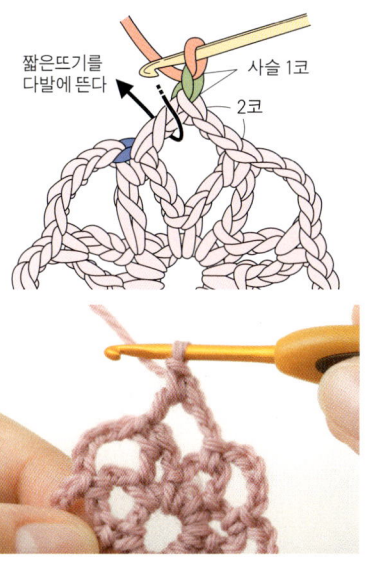

1. 2단의 마지막 산은 1단과 마찬가지로 사슬을 2코 뜨고 손뜨개 2단 시작의 짧은뜨기 머리 2가닥에 코바늘을 넣어 한길 긴뜨기를 뜹니다.

2. 손뜨개 3단의 시작은 2단과 마찬가지로 사슬 1코와 짧은뜨기를 뜹니다. 3단은 사슬뜨기 7코와 짧은뜨기 1코를 반복하여 뜹니다.

✳ 3단 끝

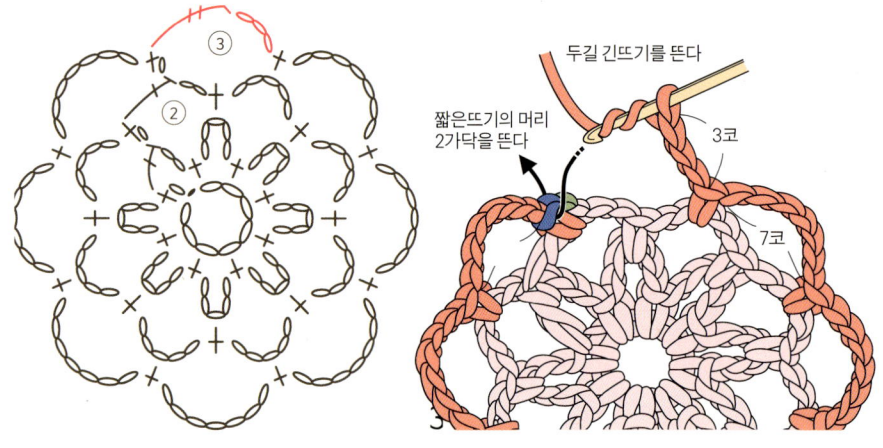

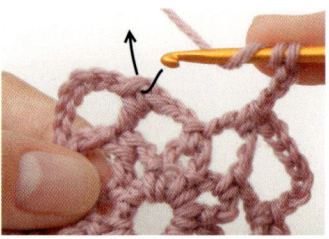

3. 사슬을 3코 뜨고, 실을 건 다음, 3단 손뜨개 시작의 짧은뜨기 머리 2가닥에 코바늘을 넣어 두길 긴뜨기를 뜹니다.

4. 두길 긴뜨기를 떠서 사슬 7코와 닮은 산을 만들었습니다. 2단, 3단과 마찬가지로 기둥코인 사슬뜨기와 짧은뜨기를 떠서 4단을 뜨기 시작합니다.

> **Point!**
>
> **그물뜨기의 기둥코는 산의 중앙에**
>
> 손뜨개 각 단의 끝은 사슬뜨기와 한길 긴뜨기, 혹은 두길 긴뜨기 등의 조합입니다. 이는 기둥코를 사슬의 산 중앙에 위치하도록 하기 위한 것으로 각 단의 조합은 산을 만들고 있는 사슬의 콧수에 따라 결정됩니다. 이를테면 1단은 사슬 5코가 기본이므로 사슬 2코+한길 긴뜨기(사슬 3코분의 높이와 같다), 3단은 사슬 7코가 기본이므로 사슬 3코+두길 긴뜨기(사슬 4코분의 높이와 같다)의 조합이 됩니다.

마지막의 산 1개를 사슬뜨기만으로 뜰 때

마지막의 산 1개를 전부 사슬뜨기로 뜨는 뜨개 도안의 경우는 앞단의 사슬뜨기에 빼뜨기를 하면서 다음 산의 중앙까지 코를 이동시킨 뒤, 기둥코를 뜹니다. 뜨개 도안에도 빼뜨기의 기호가 그려져 있습니다.

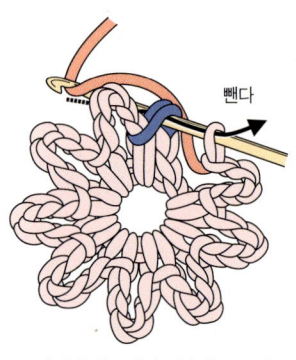

1. 마지막 산 1개의 사슬을 5코 뜬 다음, 손뜨개 시작의 짧은뜨기 머리 2가닥에 빼뜨기를 합니다.

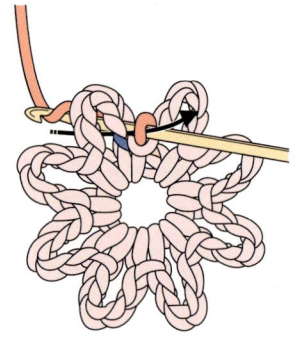

2. 다음 사슬코의 중앙에 코바늘을 넣고 빼뜨기를 합니다. 그 다음 사슬코에도 똑같이 빼뜨기를 합니다.

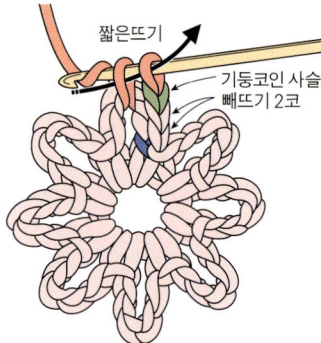

3. 기둥코인 사슬 1코를 뜨고, 앞단 사슬의 공간에 코바늘을 넣어 짧은뜨기를 뜹니다.

뜨개 도안

4. 짧은뜨기를 뜬 모습입니다.

Step 4 손뜨개를 끝낸 뒤의 실 정리

그물뜨기 모티브의 손뜨개 끝은 뜨개 도안에 그려진 것보다 1코 적게 사슬을 뜨고, 짧은뜨기의 머리에 돗바늘을 넣어 1코를 만드는 것이 포인트입니다. 마지막 단만 그물뜨기로 하는 디자인의 모티브도 마찬가지입니다.

1. 사슬을 6코 뜨고 실 끝을 10㎝ 정도 남기고 자른 다음, 고리를 당겨 코바늘을 뺍니다.

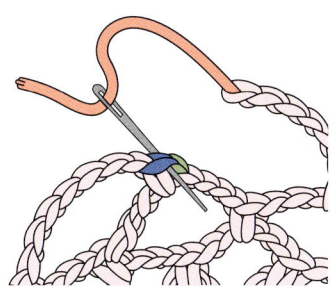

2. 돗바늘에 실 끝을 꿰고, 4단의 첫 짧은뜨기의 머리 2가닥에 돗바늘을 넣습니다.

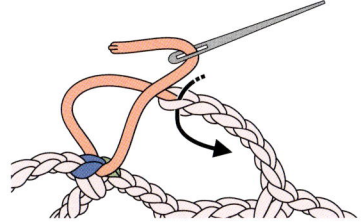

3. 실을 당기고, 4단의 마지막 사슬코의 중심으로 돗바늘을 넣습니다.

사슬 1코분

4. 사슬 1코분의 크기가 되도록 실을 당깁니다.

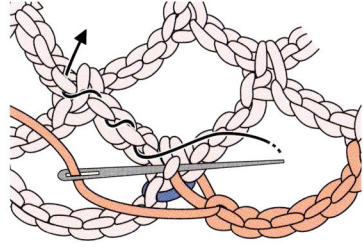

5. 모티브를 뒤집어, 남은 실을 앞단 손뜨개 끝의 두길 긴뜨기에 모티브 중심 방향으로 통과시킵니다.

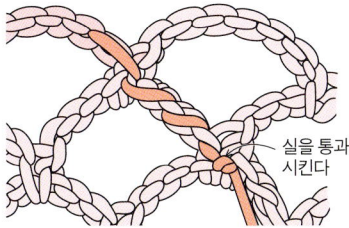

실을 통과시킨다

6. 마지막은 짧은뜨기의 다리 부분에 실을 2~3번 통과시킨 다음, 실을 자릅니다.

이럴 때는?

Q 돗바늘에 실이 잘 안 꿰어져요

A 작은 바늘구멍에 굵은 털실을 꿰는 방법이 있습니다. 실 끼우개가 없어도 간단히 꿸 수 있으니 꼭 한번 해보세요.

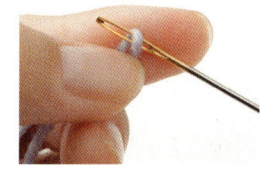

1. 바늘구멍을 감싸듯이 실을 반으로 접고, 느슨해지지 않게 실을 폅니다.

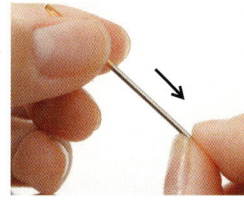

2. 바늘구멍 부분을 엄지손가락과 집게손가락으로 누르고, 바늘을 뺍니다.

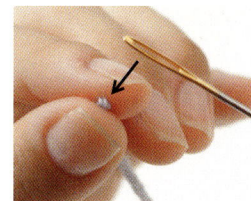

3. 엄지손가락과 집게손가락을 조금만 벌리고, 그곳으로 바늘구멍을 확 내리누릅니다.

4. 실이 꿰어졌습니다. 한쪽 실을 뺍니다.

뜨개바탕을 뒤집어서 뜨는 모티브도 있어요

대부분의 모티브는 항상 앞을 보면서 한 방향으로 뜨지만
디자인에 따라 뜨개바탕을 뒤집으면서 뜨는(왕복뜨기) 모티브도 있습니다.
왕복뜨기인지 아닌지는 뜨개 도안을 보면 알 수 있습니다.

뜨개 도안

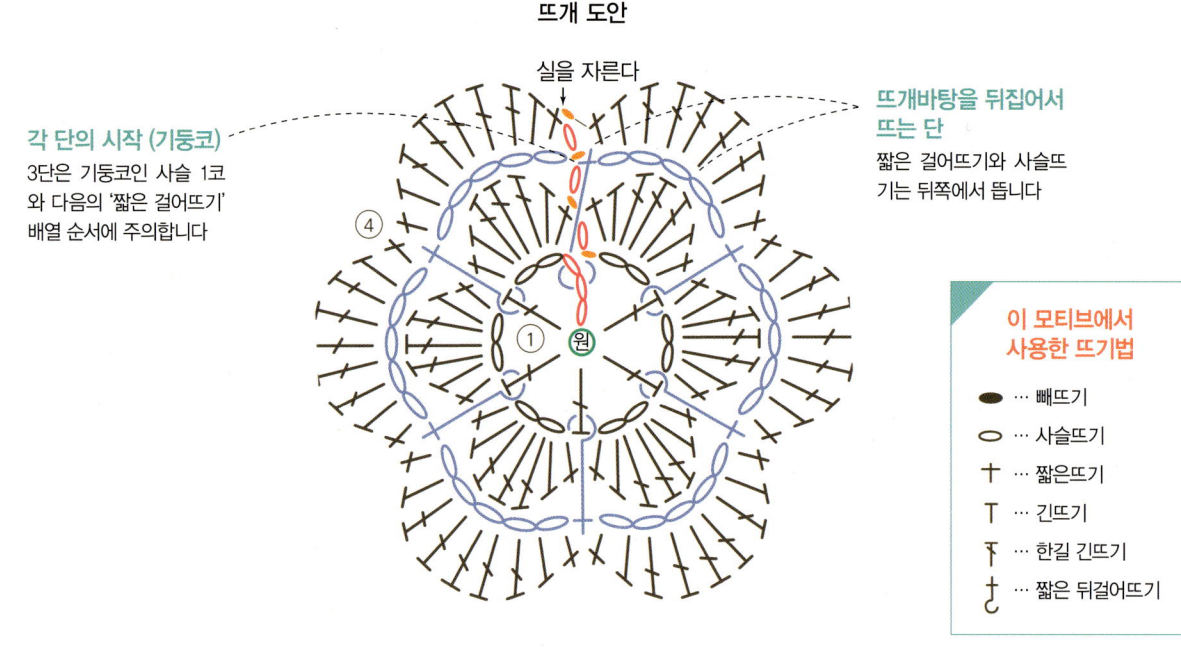

각 단의 시작 (기둥코)
3단은 기둥코인 사슬 1코와 다음의 '짧은 걸어뜨기' 배열 순서에 주의합니다

실을 자른다

뜨개바탕을 뒤집어서 뜨는 단
짧은 걸어뜨기와 사슬뜨기는 뒤쪽에서 뜹니다

이 모티브에서 사용한 뜨기법

- ● … 빼뜨기
- ○ … 사슬뜨기
- ✛ … 짧은뜨기
- ┬ … 긴뜨기
- ╈ … 한길 긴뜨기
- ⌇ … 짧은 뒤걸어뜨기

*뜨개 기호에 대한 상세한 해설(뜨는 법)은 105·106·110쪽에 있습니다.

왕복뜨기로 모티브 뜨는 법

 **Step 1** 손뜨개 시작부터 2단까지 뜹니다

뜨개 도안을 보고 손뜨개를 시작해봅니다. A 모티브 뜨는 법(12·13쪽)을 응용할 수 있습니다.

시작부터 1단

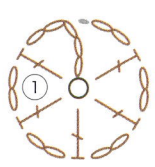
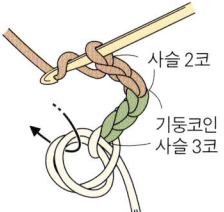

1. '손가락에 실을 감아 원을 만드는 방법'(12쪽 참조)으로 손뜨개를 시작하여, 기둥코로 사슬 3코, 다음에 사슬 2코를 뜹니다. 그 다음은 원 안에 한길 긴뜨기를 떠넣습니다.

2. 뜨개 도안대로 사슬 2코와 한길 긴뜨기를 뜹니다. 사진은 마지막의 사슬 2코를 뜬 모습. 여기에서 기초코의 원을 조입니다(13쪽 참조).

3. 1단의 기둥코인 사슬뜨기의 세 번째 코의 반코와 코산에 바늘을 넣고, 실을 걸어 뺍니다.

4. 빼뜨기한 모습. 1단을 떴습니다.

2단

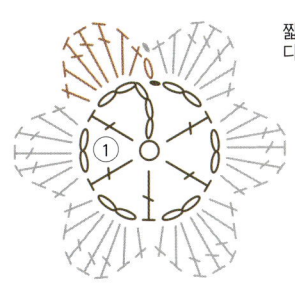
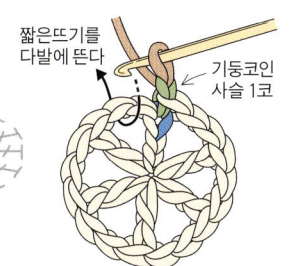

1. 기둥코로 사슬을 뜨고, 그림과 같이 앞 단의 사슬코로 인해 생긴 공간에 코바늘을 넣어 짧은뜨기를 다발에 뜹니다.

2. 같은 공간에 긴뜨기 1코, 한길 긴뜨기 3코, 긴뜨기 1코, 짧은뜨기 1코를 뜹니다. 남은 공간에도 똑같이 뜹니다.

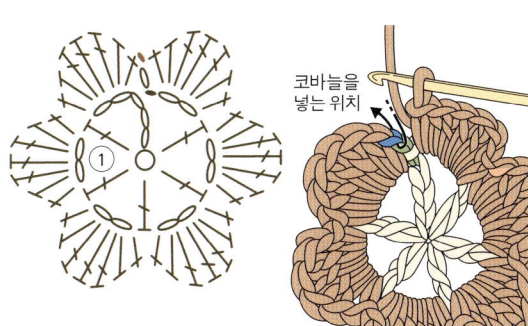

3. 마지막 짧은뜨기까지 떴으면 2단의 첫 짧은뜨기의 머리 2가닥에 코바늘을 넣고 실을 걸어 뺍니다.

4. 빼뜨기를 뜹니다.

Step 2 뜨개바탕을 뒤집어서 3단을 뜹니다

뜨개 도안을 보고 지금까지와는 반대로 시계 방향으로 떠 나갑니다. 뜨개바탕을 뒤집어서 뜨기 때문에 '짧은 뒤걸어뜨기'의 기호를 보고 실제로는 '짧은 앞걸어뜨기'로 뜹니다.

3단

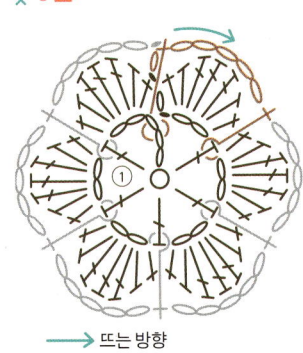
→ 뜨는 방향

뜨개바탕을 돌린다

1. 기둥코인 사슬 1코를 뜬 다음, 오른쪽으로 뜨개바탕을 돌려 뒤집습니다.

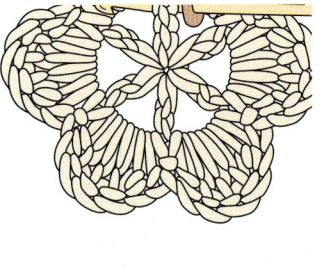

2. 짧은 앞걸어뜨기를 뜹니다. 1단의 기둥코인 사슬 3코를 코바늘로 푹 떠서 실을 겁니다.

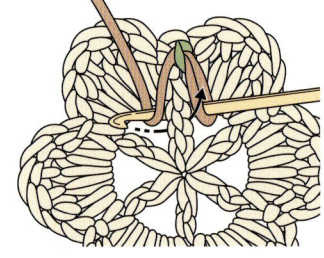

3. 그대로 실을 뺍니다.

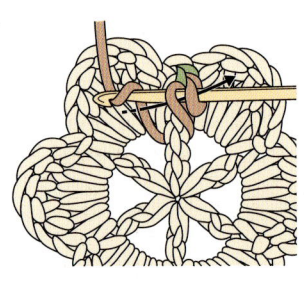

4. 다시 한 번 코바늘에 실을 걸어서 빼면 짧은 앞걸어뜨기가 끝납니다. 사진은 뜨고 난 상태입니다.

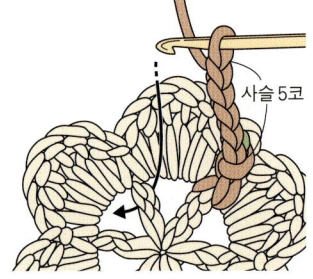

사슬 5코

5. 사슬을 5코 뜨고, 다음 한길 긴뜨기의 다리를 주워 2~4와 똑같이 뜹니다. 사슬뜨기와 앞걸어뜨기를 반복하여 3단을 뜹니다.

Point! 기둥코 뜨개 기호의 배열 순서로 뜨는 방향을 알 수 있습니다

사슬 1코로 기둥코를 뜨고 나서 짧은뜨기를 뜨는 경우, 뜨개 도안에서는 사슬코의 왼쪽에 짧은뜨기가 이어지고 시계 반대 방향으로 보면서 진행하지만 이 뜨개 도안에서는 3단만 기둥코인 사슬코의 오른쪽에 짧은뜨기(이 경우는 걸어뜨기)의 기호가 있습니다. 이는 뜨개바탕을 뒤집어 뜨개 도안을 시계 방향으로 보면서 뜬다는 의미입니다.

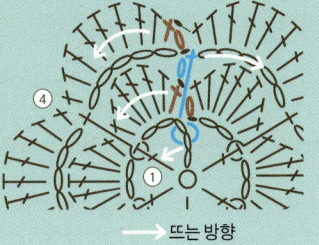
→ 뜨는 방향

Point! 뜨개 도안은 앞에서 본 뜨개코를 표기한 것입니다

손뜨개의 뜨개 도안은 언제나 '앞에서 본 뜨개코의 상태'를 표기합니다. 걸어뜨기는 앞뒤의 뜨는 법에 따라 기호가 다르기 때문에 이 모티브의 경우도 실제로는 앞걸어뜨기이지만 앞에서 본 뜨개코의 상태는 뒤이므로 기호로는 뒤걸어뜨기로 표기합니다.

3단 끝

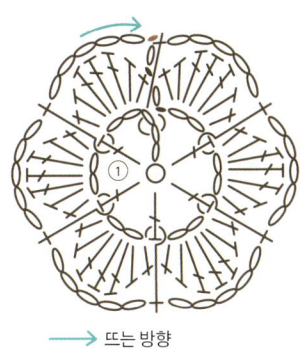

→ 뜨는 방향

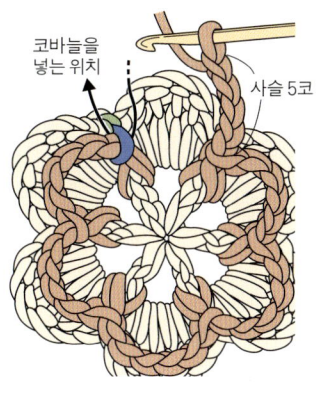

코바늘을 넣는 위치
사슬 5코

1. 마지막의 사슬 5코를 떴으면 3단 손뜨개 시작의 '짧은 걸어뜨기'의 머리 2가닥에 바늘을 넣고 빼뜨기를 합니다.

2. 빼뜨기한 모습. 3단을 떴습니다.

Step 3 — 뜨개바탕을 앞으로 되돌려서 4단을 뜹니다

4단에서 다시 한 번 뜨개바탕을 돌려, 마지막 단은 앞을 보면서 뜹니다.

4단

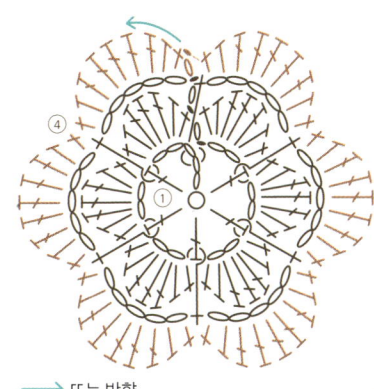

→ 뜨는 방향

1. 기둥코로 사슬 1코를 뜨고, 뜨개바탕을 앞으로 돌립니다.

Point !
뜨개바탕을 돌릴 때는 '기둥코를 뜨고 나서 오른쪽으로 돌리기'

도중에 뜨개바탕을 돌릴 때는 기둥코를 뜬 다음, '뜨개바탕을 오른쪽으로 회전시켜 뒤집는다'고 기억해두세요. 뜨는 순서며 돌리는 방향은 항상 통일시켜야 예쁘게 뜰 수 있습니다.

사슬 다발에 뜨다

2. 2단을 앞으로 넘기고, 3단의 사슬로 인해 생긴 공간의 다발에 바늘을 넣고, 짧은뜨기 1코, 긴뜨기 1코, 한길 긴뜨기 5코, 긴뜨기 1코, 짧은뜨기 1코를 떠 넣습니다. 나머지의 산 5개분도 똑같이 뜹니다.

손뜨개를 끝낸 뒤의 실 정리

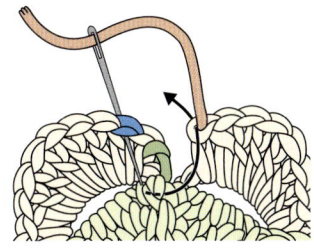

1. 돗바늘에 실을 꿰어 손뜨개 시작 두 번째 코인 긴뜨기의 머리 2가닥을 뜨고, 마지막 짧은뜨기 코의 중심으로 돗바늘을 넣어, 사슬 1코분의 크기가 되도록 실을 당깁니다. A 모티브의 실 정리법(14쪽 참조)을 응용해봅니다.

2. 남은 실은 뒤쪽에서 앞에서 보이지 않도록 주의하며 뜨개코에 통과시킵니다. 손뜨개 시작 실도 똑같이 정리합니다.

변형 모티브 패턴이 나오면

모티브 연결 작품에서는 디자인에 따라 둥근 모티브를 반원으로 만들거나 사각 모티브를 대각선으로 잘라 삼각으로 만들어 조합하기도 합니다.
A 모티브(10쪽)를 기본으로 한 삼각형 모티브를 예로 들어, 뜨는 법을 살펴봅니다.

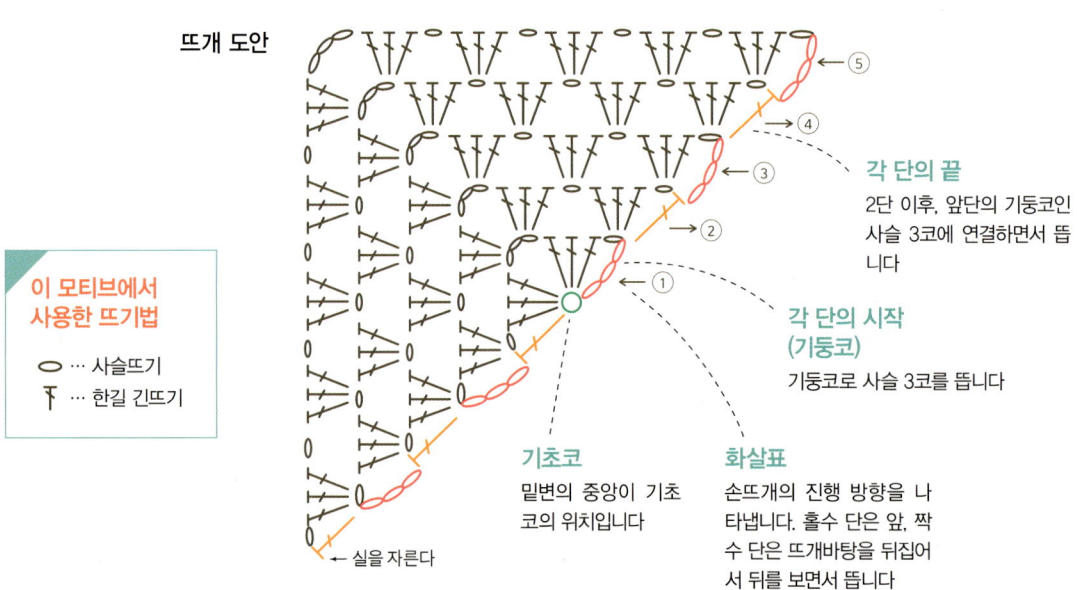

뜨개 도안

이 모티브에서 사용한 뜨기법
- ○ … 사슬뜨기
- ᵀ … 한길 긴뜨기

① 각 단의 시작 (기둥코)
기둥코로 사슬 3코를 뜹니다

각 단의 끝
2단 이후, 앞단의 기둥코인 사슬 3코에 연결하면서 뜹니다

기초코
밑변의 중앙이 기초코의 위치입니다

화살표
손뜨개의 진행 방향을 나타냅니다. 홀수 단은 앞, 짝수 단은 뜨개바탕을 뒤집어서 뒤를 보면서 뜹니다

← 실을 자른다

*뜨개 기호에 대한 상세한 해설(뜨는 법)은 105·106쪽에 있습니다.

변형 모티브 뜨는 법

뜨개바탕을 뒤집어가면서 왕복뜨기로 뜹니다. 한 방향으로 뜨는 모티브가 아니므로 손뜨개 끝의 빼뜨기는 없습니다.

1단

기초코(12쪽 참조)를 만들어, 기둥코인 사슬 3코부터 뜨개 도안대로 뜹니다. 원을 조이면 첫 번째 단이 완성됩니다.

2단

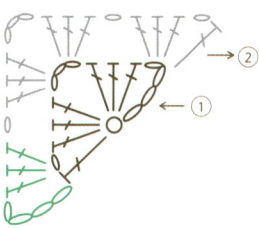

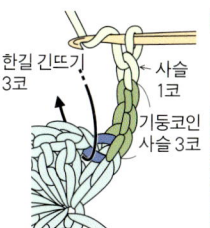

1. 기둥코로 사슬 3코를 뜨고, 뜨개바탕을 오른쪽으로 돌려 뒤집습니다.

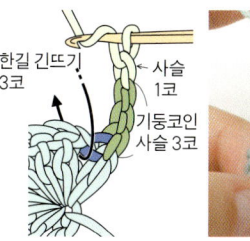

2. 먼저 사슬 1코를 뜨고, 앞단의 사슬뜨기로 인해 생긴 공간에 바늘을 넣어 한길 긴뜨기 3코를 뜹니다. 뜨개 도안에 따라 2단을 뜹니다.

2단의 끝과 3단

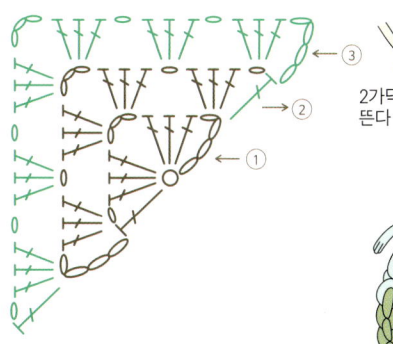

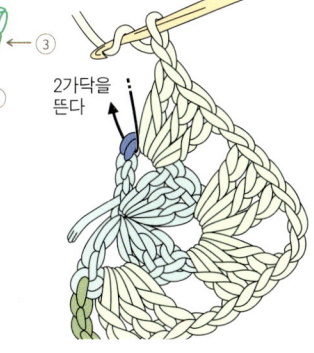

1. 2단의 끝은 왼쪽의 그림과 같이 앞단의 기둥코인 사슬 세 번째 코의 코산과 반코에 바늘을 넣어 한길 긴뜨기를 뜹니다. 사진은 바늘을 넣고 실을 건 모습입니다.

2. 한길 긴뜨기를 떴으면 기둥코로 사슬 3코를 뜨고 뜨개바탕을 돌려, 2단과 마찬가지로 3단을 뜹니다.

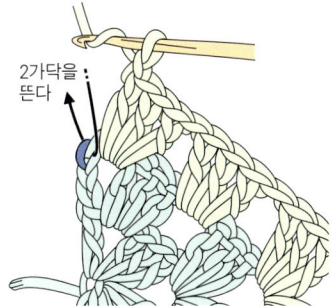

3. 3단의 마지막 한길 긴뜨기도 앞단의 기둥코인 사슬 세 번째 코의 반코와 코산에 코바늘을 넣어서 뜹니다.

4. 한길 긴뜨기를 떴으면 기둥코를 뜨고 뜨개바탕을 뒤집습니다. 4단, 5단도 같은 방법으로 뜹니다.

손뜨개 끝의 실 정리

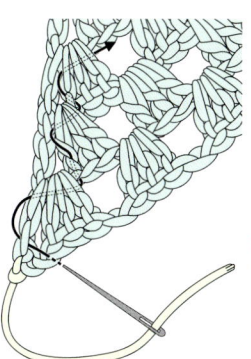

1. 마지막 한길 긴뜨기를 뜬 다음, 사슬을 1코 떠서 뺍니다.

2. 돗바늘에 실을 꿰고, 뜨개바탕을 뒤집어 뜨개코에 바늘을 통과시킵니다. 손뜨개 시작 실도 뜨개코에 통과시키고, 실 끝을 자릅니다.

이럴 때는?

Q 모양이 예쁘게 안 떠져요

A 뜨는 사람에 따라 밑변이 오그라진 모양이 되기도 합니다. 그럴 때는 기둥코인 사슬을 약간 느슨하게 뜨거나 단의 마지막 한길 긴뜨기를 조금 길게 빼거나 하면서 조절해보세요.

컬러풀하게 뜨는 배색 테크닉을 배워요

모티브 뜨기가 재미있는 이유는 색깔을 다양하게 사용할 수 있기 때문입니다.
여기서는 어떤 모티브에도 사용할 수 있는 배색 테크닉을 소개합니다.

뜨개 도안

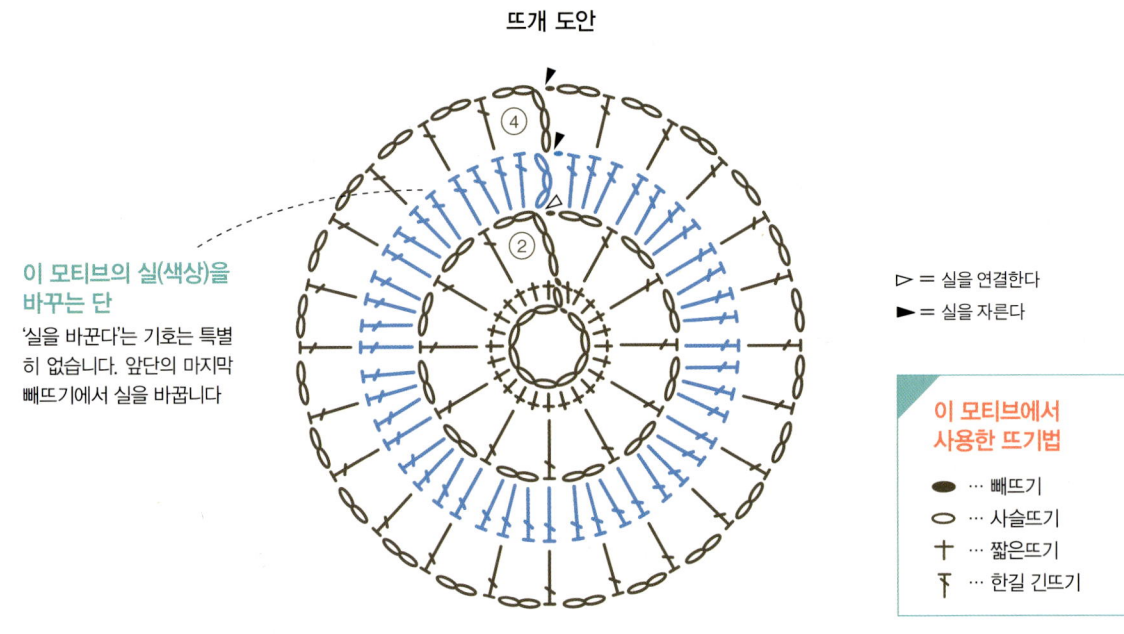

이 모티브의 실(색상)을 바꾸는 단
'실을 바꾼다'는 기호는 특별히 없습니다. 앞단의 마지막 빼뜨기에서 실을 바꿉니다

▷ = 실을 연결한다
▶ = 실을 자른다

이 모티브에서 사용한 뜨기법
● … 빼뜨기
○ … 사슬뜨기
╋ … 짧은뜨기
┯ … 한길 긴뜨기

*뜨개 기호에 대한 상세한 해설(뜨는 법)은 105·106쪽에 있습니다.

배색 모티브 뜨는 법

Step 1 실을 바꾸기 직전까지 뜹니다

10쪽의 A, B 모티브 뜨는 법을 응용하면서 뜨개 도안에 따라 손뜨개를 시작합니다.

1단

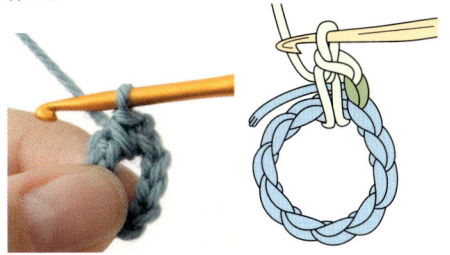

1. '사슬뜨기로 원을 만드는 방법'으로 손뜨개를 시작하고, 기둥코인 사슬 1코와 짧은뜨기를 뜹니다. 실 끝자락을 감싸면서 연속해서 짧은뜨기를 뜹니다.

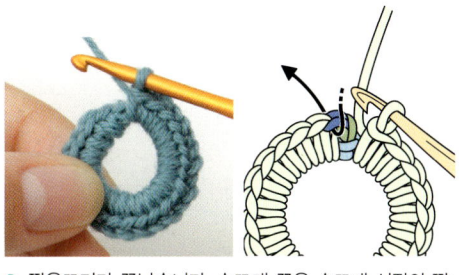

2. 짧은뜨기가 끝났습니다. 손뜨개 끝은 손뜨개 시작의 짧은뜨기 머리 2가닥에 코바늘을 넣고, 실을 걸어서 뺍니다.

3. 빼뜨기한 모습. 1단을 떴습니다.

2단

 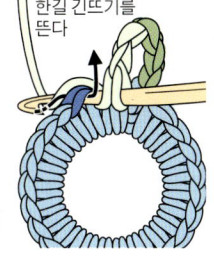

1. 기둥코인 사슬 3코와 다음의 사슬 2코를 뜨고, 바늘에 실을 걸어 1코를 건너뛴 짧은뜨기의 머리에 한길 긴뜨기를 뜹니다.

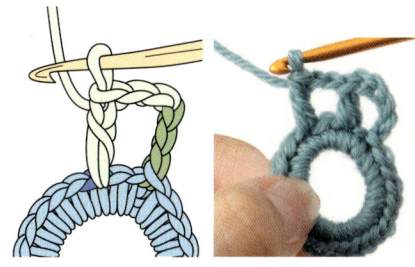

2. 마지막의 빼뜨기 직전까지 뜨개 도안에 따라 사슬뜨기 2코와 한길 긴뜨기 1코를 반복하여 뜹니다. 사진은 두 번째 한길 긴뜨기를 뜬 모습입니다.

Step 2 실을 바꿉니다

배색의 포인트는 실을 바꾸는 타이밍과 실 거는 법에 있습니다. 한번 배우면 어떤 모티브에도 응용할 수 있습니다.

2단 끝

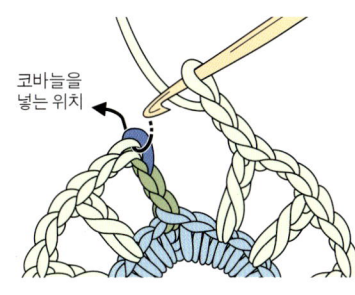 

1. 손뜨개 끝에서 손뜨개 시작의 기둥코인 사슬 세 번째 코의 반코와 코산에 바늘을 넣습니다.

2. 실을 빼지 않고, 코바늘의 앞에서 뒤로 겁니다.

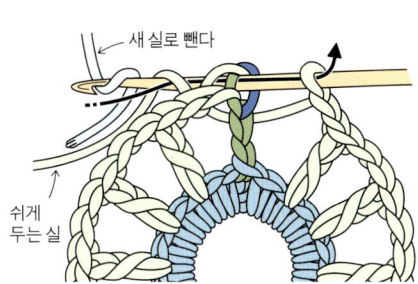 

3. 새 실을 코바늘에 걸고, 코바늘에 걸려 있는 실 전부를 한 번에 뺍니다.

4. 뺀 모습입니다. 이제 실이 바뀌었습니다. 실 끝은 7~8cm 남깁니다.

27

Step 3 실 끝자락을 감싸면서 다음 단을 뜹니다

3단은 새로 연결한 실로 뜨는데 실 끝자락을 감싸면서 뜨면 마지막에 실 정리를 하지 않아도 됩니다. 지금까지 뜨고 있던 실은 4단에서 사용하므로 그대로 둡니다.

3단

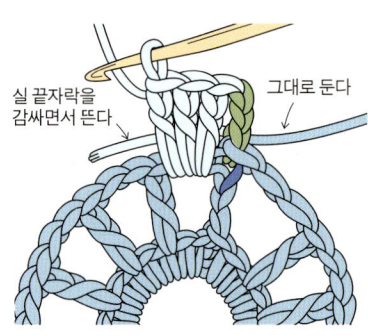
실 끝자락을 감싸면서 뜬다 / 그대로 둔다

1. 기둥코로 사슬 3코를 뜨고, 새로 연결한 실의 끝자락을 함께 바늘로 떠서 다발에 한길 긴뜨기를 3코 뜹니다.

Point! 실 끝자락의 정리

공간이 있는 무늬의 경우는 실 끝자락을 감싸면서 뜰 수가 없습니다. 그럴 때는 손뜨개를 끝낸 뒤에 돗바늘을 사용하여 뒤쪽에서 실을 정리합니다(30쪽 참조).

감싸서 뜰 수 없다 ✗

2. 다음은 앞단의 한길 긴뜨기 머리 2가닥을 주워 한길 긴뜨기를 뜹니다. 이때도 실 끝자락이 뜨개코 안으로 들어가도록 함께 바늘로 걸어 뜹니다.

3. 한길 긴뜨기를 떴습니다. 뜨개 도안에 따라, 그대로 3단을 뜹니다. 실 끝자락은 5cm 정도 감싸서 뜨고, 필요 없는 부분은 자릅니다.

4. 마지막 빼뜨기 전까지 떴습니다.

다발과 코

앞단의 사슬코로 인해 생긴 공간에 코바늘을 푹 넣어서 뜨는 것을 '다발에 뜬다' '다발에 넣는다' 또는 '다발을 줍는다'라고 합니다.
이에 비해 짧은뜨기나 한길 긴뜨기 등의 뜨개코 머리의 실 2가닥을 주워서 뜨는 것을 '코에 넣는다' '코에 뜬다'라고 합니다.

예: 3단 뜨는 법

[다발에 뜬다]

공간에 코바늘을 푹 넣습니다. → 뜬 모습

[코에 넣는다]

한길 긴뜨기 머리의 실 2가닥에 코바늘을 넣습니다. → 뜬 모습

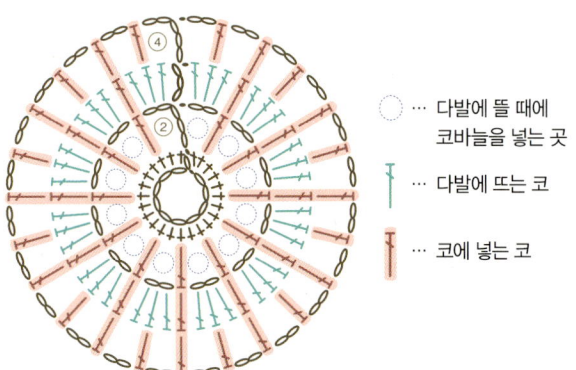

○ … 다발에 뜰 때에 코바늘을 넣는 곳
│ … 다발에 뜨는 코
│ … 코에 넣는 코

앞단의 짧은뜨기나 한길 긴뜨기 바로 위에 뜨개 기호가 있는 부분은 코에 넣고, 사슬뜨기 위에 뜨개 기호가 있는 부분은 다발에 뜹니다. 지금까지 나온 모티브에서도 확인해봅니다.

Step 4 다시 한 번 실을 바꿉니다

4단에서 다시 한 번 실을 바꾸어 뜹니다. Step 2와 같은 방법이지만 새 실이 아니라 2단까지 뜨던 실을 사용합니다.

✤ 3단 끝

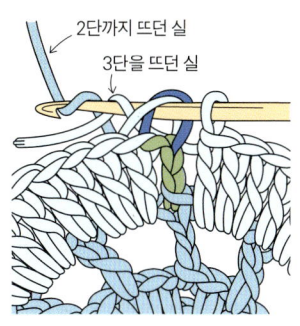

1. 기둥코인 사슬 세 번째 코의 반코와 코산에 바늘을 넣고, 쉬게 두었던 실을 끌어 올려서 바늘에 겁니다.

2. 바늘에 걸려 있는 실을 한 번에 뺍니다. 3단을 뜨던 실은 10㎝ 정도 남기고 자릅니다.

뒤에서 본 모습

2단까지 뜨던 실이 밑에서부터 올라오고 있습니다.

✤ 4단

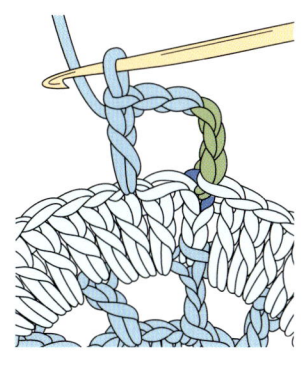

1. 기둥코인 사슬 3코와 다음의 사슬 2코를 뜨고, 1코 건너뛴 앞단의 한길 긴뜨기의 머리 2가닥에 코바늘을 넣어서 한길 긴뜨기를 뜹니다.

2. 한길 긴뜨기를 떴습니다. 이후 마지막의 빼뜨기 직전까지 뜨개 도안에 따라, 사슬뜨기 2코와 한길 긴뜨기 1코를 반복하여 뜹니다.

3. 마지막의 사슬 2코까지 떴습니다.

Point!

실 바꾸기는 '기둥코 직전의 빼뜨기에서'라고 기억하세요.

그물뜨기 등 손뜨개 단의 끝이 빼뜨기가 아닌 경우도 있습니다. 예를 들어 한길 긴뜨기는 1번 실을 걸어 빼고 그 후 2번을 빼는데 다음 단에서 실을 바꾸고 싶을 때는 마지막 뺄 때에 새 실을 연결합니다.

예: B 모티브(10쪽)의 2단에서 실을 바꾸어본다.

1. 1단의 마지막인 한길 긴뜨기의 중간(1번 더 빼면 완성)까지 뜹니다.

2. 지금까지 뜨던 실을 코바늘의 앞에서 뒤로 걸고, 새 실을 바늘에 겁니다.

3. 한 번에 뺍니다. 실이 바뀌었습니다.

4. 다음 단의 기둥코부터 그 실로 뜹니다. 사진은 기둥코인 사슬 1코와 짧은뜨기를 뜬 모습

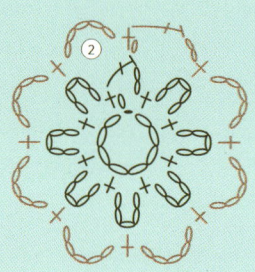

Step 5   손뜨개를 끝낸 뒤의 실 정리

손뜨개 끝의 실을 정리(A 모티브의 응용·14쪽 참조)하고 중간에 실을 바꾼 부분에서 실을 정리합니다.

1. 실 끝을 10cm 정도 남겨 자르고, 고리를 뺍니다. 돗바늘에 실 끝자락을 꿰니다.

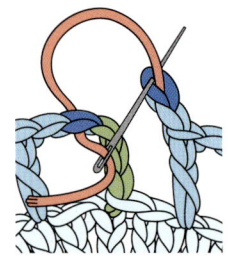
2. 그림과 같이 기둥코인 사슬 3코의 다음 사슬코, 4단의 마지막 사슬코의 중심, 이런 순서로 바늘을 넣고 실을 당깁니다.

3. 사슬 1코분의 크기가 되는 부분까지 실을 당겼습니다.

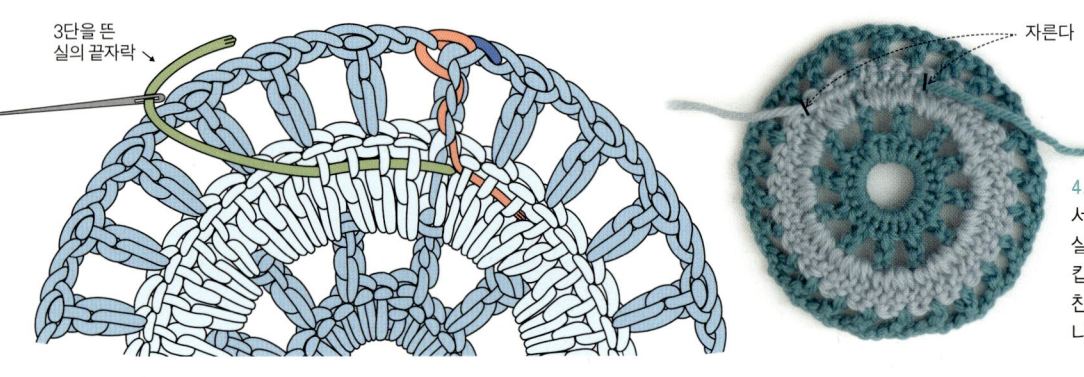
4. 뜨개바탕을 뒤집어, 앞에서 보이지 않게 주의하면서 실 끝자락을 뜨개코에 통과시킵니다. 실을 바꾼 부분도 마찬가지로 뜨개코에 통과시킵니다. 실 끝을 바짝 자릅니다.

Point! 단마다 실을 바꾸는 경우

지금까지 예에서는 2단과 4단을 같은 색으로 뜨기 때문에 실을 자르지 않고 그대로 두었지만 같은 실을 사용하지 않는 경우는 실을 자르고 다음 부분을 뜹니다. 실 끝은 2가닥을 함께 감싸서 떠도 괜찮습니다.

1. Step 2와 같은 방법으로 실을 바꾸고, 2단까지 뜬 실을 7~8cm 남기고 자릅니다.

2. 자른 실 끝과 새로 연결한 실의 끝자락을 함께 감싸면서 3단을 뜹니다.

3. 3단의 끝에서 1과 같은 방법으로 새 실을 바늘에 걸고, 고리 전부를 한 번에 뺍니다.

4. 새 실로 마지막까지 뜹니다.

모티브가 100배 재미있어지는 색깔놀이

배색 테크닉을 배우고 나면 모티브가 더욱 재미있어집니다.
짙은 색과 옅은 색의 그라데이션은 안정감 최고인 조합이지만
보색도 맞추어보면 의외로 잘 맞습니다.
3가지 색 조합도 귀엽고, 화이트와 베이지의 내추럴 계열도 인기지요.
알록달록한 캔디 컬러를 조합한 작은 모티브도 귀엽습니다.
같은 호수의 코바늘로 뜰 수 있으면 종류가 다른 실을 조합하는 것도 추천합니다.
이것저것 놀이하듯 즐겨주세요!

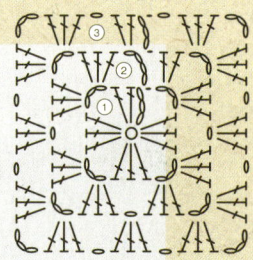

전부 10쪽의 A 모티브를 3단까지 뜬 것입니다.

다양한 모티브를 잇는 방법

모티브를 잇는 *11*가지 테크닉
모티브를 연결한 미니 도일리

잇는 방법으로는 뜨면서 연결하는 방법과 모두 뜬 다음 연결하는 방법의 2종류가 있습니다.
여기서는 작은 도일리를 예로 들어 테크닉을 살펴봅니다.
방법만 알면 자유롭게 장수를 늘리거나 배치를 바꾸며 즐길 수 있습니다.

[모티브를 뜨면서 잇기]

 **테크닉 1** 빼뜨기로 뜨면서 잇기
How to 39쪽

 **테크닉 2** 짧은뜨기로 뜨면서 잇기
How to 42쪽

마지막 단을 뜨면서 먼저 뜬 모티브에 연결합니다. 모티브 연결에서 가장 많이 쓰이는 테크닉입니다.
사진의 도일리는 빼뜨기로 연결했습니다.

*7*개 연결해서

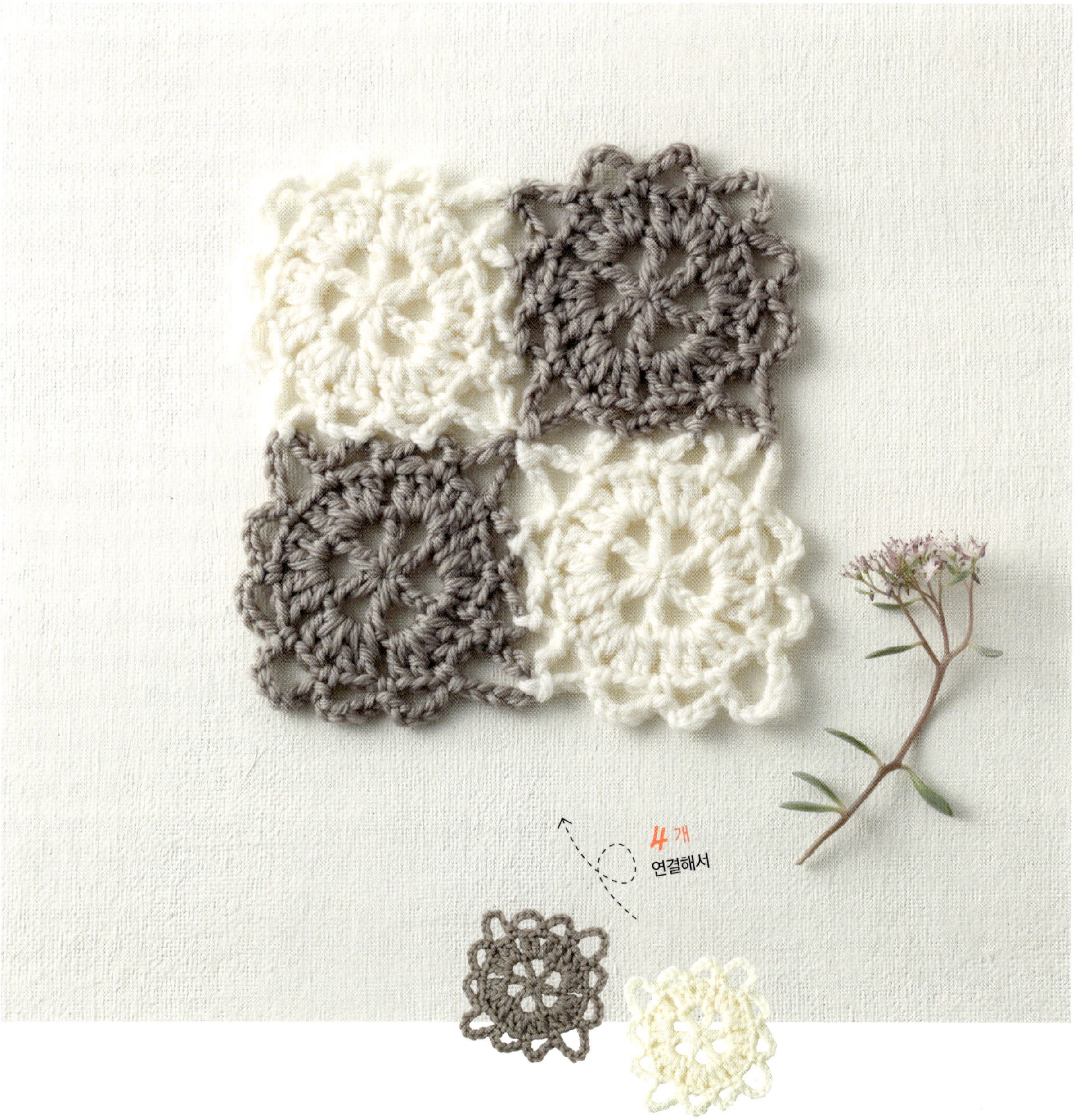

테크닉 3
빼뜨기로 한곳에 여러 장의 모티브를 뜨면서 잇기
How to 43쪽

테크닉 4
짧은뜨기로 한곳에 여러 장의 모티브를 뜨면서 잇기
How to 46쪽

모티브의 배치에 따라 한곳에 여러 장을 연결하기도 합니다.
이 도일리는 중심에 4장이 이어져 있습니다.
예쁘게 뜨는 요령은 코바늘을 넣는 위치에 달렸습니다.
사진의 도일리는 빼뜨기로 연결했습니다.

테크닉 5 한길 긴뜨기로 코바늘을 잠시 빼고 뜨면서 잇기

How to 47쪽

연결 위치까지 떴으면 일단 코에서 코바늘을 빼고
연결할 상대 모티브에 코바늘을 통과시킨 뒤, 다음 부분을 뜹니다.
꽃 모양 모티브의 꽃잎 끝에서 연결하고 싶을 때에 사용합니다.

7개 연결해서

모티브 잇기
모티브를 연결한 미니 도일리

테크닉 6 : 한길 긴뜨기로 코바늘을 잠시 빼고 여러 코를 뜨면서 잇기
How to 50쪽

일단 코에서 코바늘을 빼고, 연결할 상대 모티브에 그 코를 통과시켜 잇습니다.
다음은 연결한 전 모티브의 한길 긴뜨기의 머리를 주우면서, 뜨고 있던 모티브에 한길 긴뜨기를 뜹니다.

7개
연결해서

모티브 잇기

모티브를 연결한 미니 도일리

4개 연결해서

[모티브를 뜬 다음에 잇기]

 짧은뜨기로 잇기
How to 53쪽

 빼뜨기로 잇기
How to 56쪽

모든 모티브를 완성한 다음, 코바늘을 사용하여 연결합니다.
테크닉 7의 짧은뜨기는 연결 부분을 도드라지게 하여 디자인으로 활용하고 싶을 때에
테크닉 8의 빼뜨기는 앞에서 보이지 않게 잇고 싶을 때에 추천합니다.
위 사진은 짧은뜨기로 이은 것입니다.

 **테크닉 9** 반코를 휘감아 잇기
How to 57쪽

 테크닉 10 전 코를 휘감아 잇기
How to 60쪽

모든 모티브를 완성한 다음에 돗바늘을 사용하여 연결합니다.
얇고 깔끔하게 완성되는 반코를 휘감아 잇기와
이음매가 튼튼한 전 코를 휘감아 잇기가 있습니다.
위 사진은 반코를 휘감아 이은 것입니다.

[모티브를 뜨면서 잇기 & 뜬 다음에 잇기]

테크닉 11

연결 후 공간을 메우는 방법

How to 61쪽

모티브의 배치에 따라 연결한 모티브 사이에 공간이 생기는 경우가 있습니다.
그럴 때 공간을 다른 뜨기법으로 메우면 또 다른 느낌을 즐길 수 있습니다.
여기서는 가장 심플한 그물뜨기로 메우는 방법을 소개합니다.

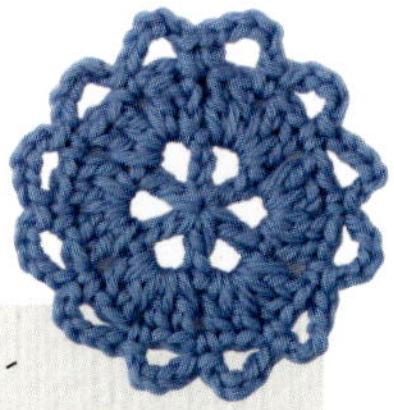

4개
연결해서

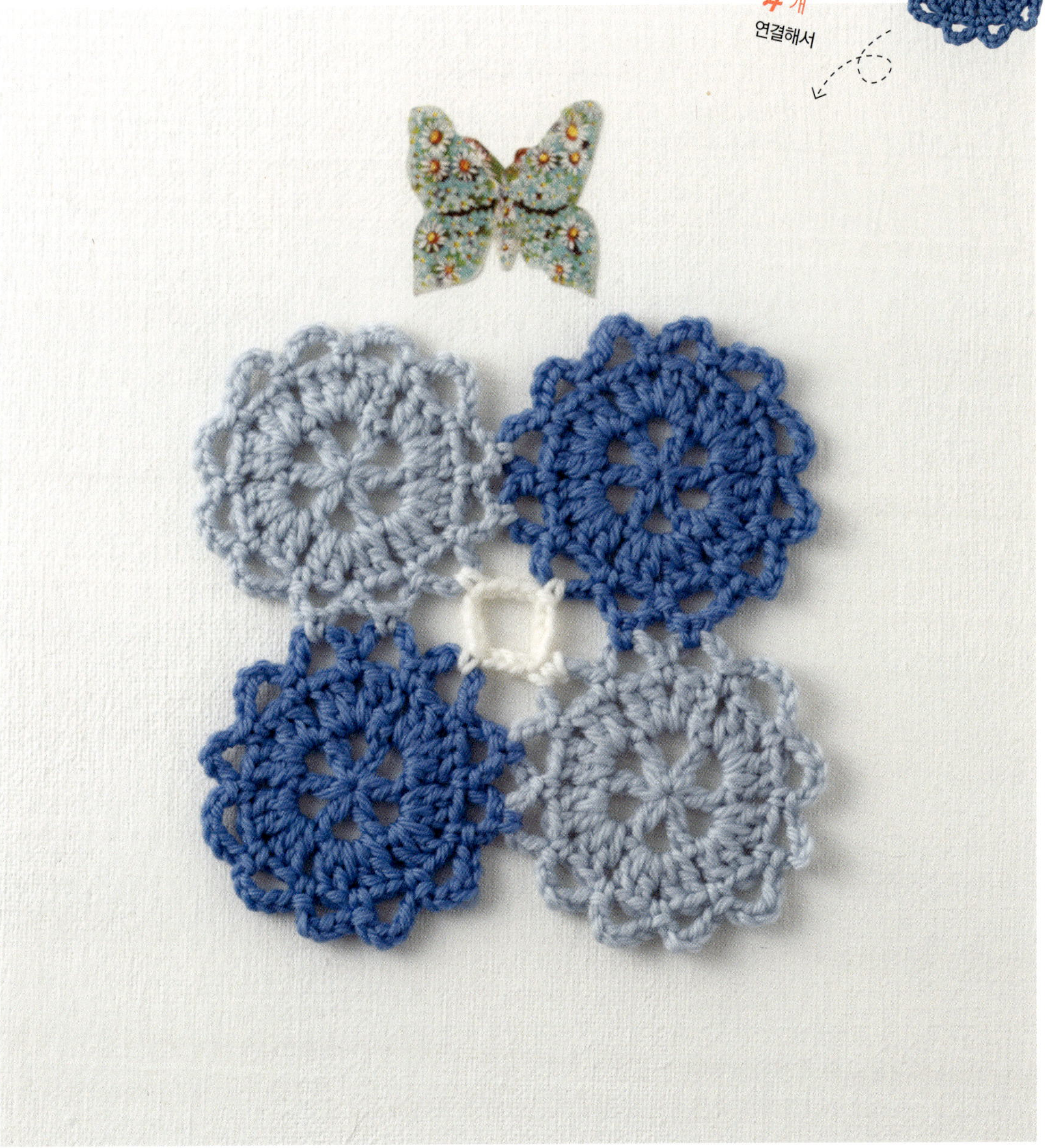

 **빼뜨기로 뜨면서 잇기**　　 **짧은뜨기로 뜨면서 잇기**

● 모티브 뜨기 포인트

기초코는 '손가락에 실을 감아 원을 만드는 방법'(12쪽 참조)으로 만듭니다. 손뜨개 1단 끝은 기둥코인 사슬의 세 번째 코의 반코와 코산에 빼뜨기를 한 다음, 왼쪽 아래 공간의 다발에 빼뜨기를 하고 나서 기둥코를 뜹니다. 2단 끝은 기둥코인 사슬 세 번째 코의 반코와 코산을 주워 짧은뜨기를 뜹니다. 2단의 짧은뜨기에서 마지막으로 뺄 때 실을 바꿉니다.

● 잇기 포인트

먼저 중심이 되는 모티브 1장을 뜨고, 2번부터는 1번의 둘레를 둘러싸듯이 마지막 단에서 연결하면서 뜹니다. 뜨면서 연결하는 부분은 빼뜨기 기호로 표시했습니다.

32쪽에 있는 도일리

실 울 병태사(흰색 10g, 고동색 5g)
코바늘 5/0호
모티브 크기
지름 6cm
도일리 크기
세로 16.5 × 가로 18cm

테크닉 1의 뜨개 도안 (잇는 법)　　　　　　잇는 순서

```
 3  4
2  1  5
 7  6
```

화살표 끝 공간의 다발에 빼뜨기를 한다. 빼뜨기할 곳이 가깝게 표기되어 알아보기 쉬울 때는 화살표를 생략한 경우도 있다

▷ = 실을 연결한다
▶ = 실을 자른다

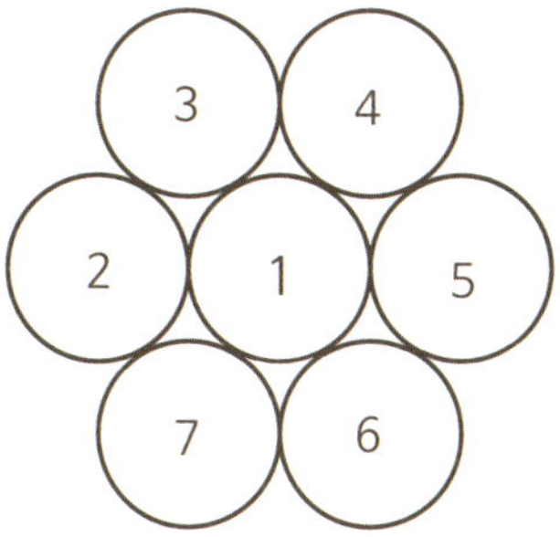

*테크닉 2의 뜨개 도안과 잇는 법은 42쪽에 있습니다.

 빼뜨기로 뜨면서 잇기

※알아보기 쉽도록 색상을 바꾸어 떴습니다.

Step 1 — 2번 모티브를 1번에 잇는다

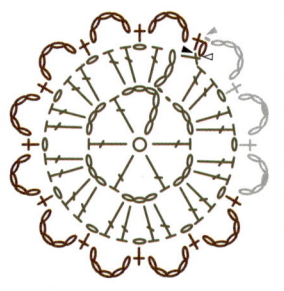

2번 모티브의 뜨개 도안

1. 1번 모티브를 뜹니다. 2번은 3단의 사슬뜨기의 산을 9개분까지 뜹니다.

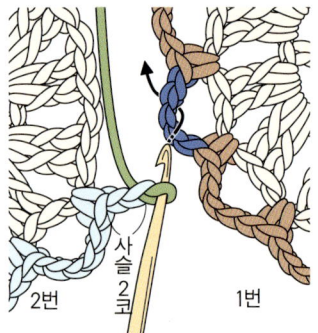

2. 2번 모티브의 연결할 곳에 사슬을 2개 뜨고, 1번의 사슬뜨기 공간에 앞쪽에서부터 코바늘을 넣습니다.

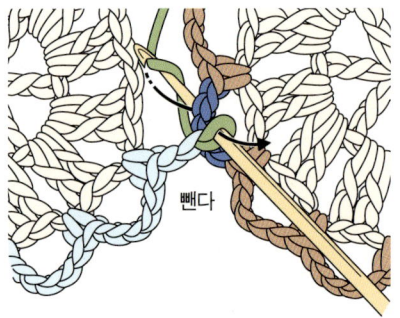

3. 코바늘에 실을 걸어 뺍니다. 사진은 빼낸 모습

4. 뜨개 도안대로 사슬을 2코 뜹니다.

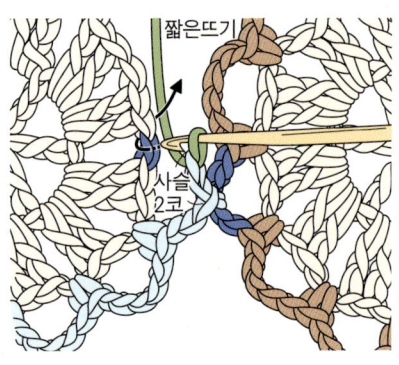

5. 2번 모티브에 지금까지 뜬 것과 마찬가지로 짧은뜨기를 뜹니다.

6. 짧은뜨기를 떴습니다.

7. 2~6을 반복하여, 옆의 산도 똑같이 빼뜨기로 연결합니다.

8. 마지막은 사슬을 4코 뜨고, 실 정리를 합니다 (19쪽 참조).

9. 2번을 1번에 연결했습니다.

Step 2 — 3번 모티브를 2번, 1번에 잇는다

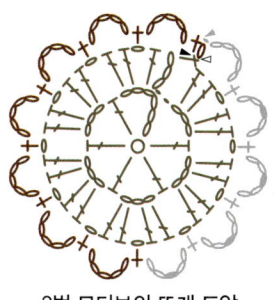

3번 모티브의 뜨개 도안

1. 3번 모티브를 2번과 1번에 연결하므로 사슬뜨기의 산을 7개분까지 뜹니다.

2. Step 1과 같은 방법으로 먼저 2번에 잇고, 이어서 1번에 연결합니다. 사진은 2장에 모두 연결한 모습. 그리고 마지막 산을 뜨고 실 정리를 합니다.

Step 3 — 7번 모티브를 6번, 1번, 2번에 잇는다

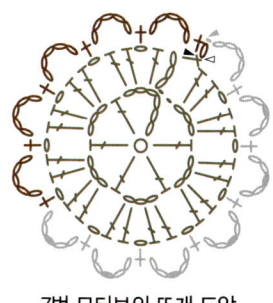

7번 모티브의 뜨개 도안

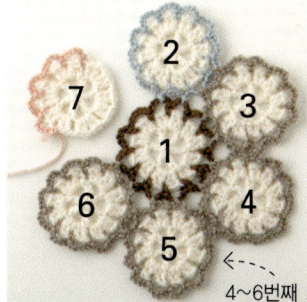

1. 7번 모티브는 사슬뜨기의 산을 5개분까지 뜨고, 6번, 1번, 2번의 순으로 연결합니다.

4~6번째 모티브는 Step 2와 같이 직전에 뜬 모티브와 중심의 모티브에 잇는다.

2. Step 1과 같은 방법으로 3장에 이었습니다. 끝으로 마지막 산을 뜨고 실 정리를 하면 도일리가 완성됩니다.

 Point! 모티브 1장을 뜰 때마다 실을 정리합니다

모티브 잇기를 할 때도 1장을 떠서 완성할 때마다 실 정리를 해둡니다. '나중에 한꺼번에…'라고 생각하고 있다가 장수가 많아지면 큰일입니다.

뜨개바탕의 뒤쪽에서 바늘을 넣어 이을 수도 있습니다

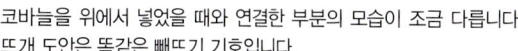

코바늘을 위에서 넣었을 때와 연결한 부분의 모습이 조금 다릅니다. 뜨개 도안은 똑같은 빼뜨기 기호입니다.

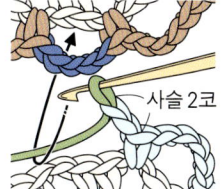

1. 코바늘은 뜨고 있는 실의 아래를 지나, 1번 모티브의 마지막 단의 사슬 공간으로 뒤에서부터 넣습니다.

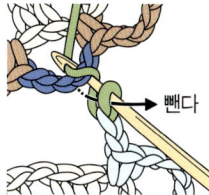

2. 그대로 코바늘에 실을 걸어 뺍니다. 사진은 빼낸 모습.

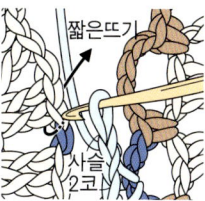

3. 뜨고 있는 모티브(2번)로 돌아와 짧은 뜨기를 뜰 때는 코바늘을 앞쪽에서부터 넣어 뜹니다. 2장이 연결되었습니다.

테크닉 2 짧은뜨기로 뜨면서 잇기 (테크닉 1의 빼뜨기를 짧은뜨기로 바꾼다)

※알아보기 쉽도록 색상을 바꾸어 떴습니다.

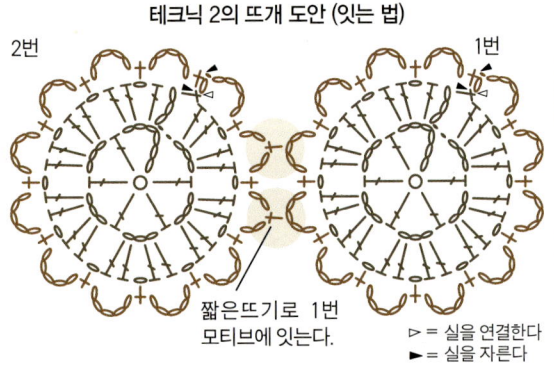

짧은뜨기로 1번 모티브에 잇는다.
▷ = 실을 연결한다
▶ = 실을 자른다

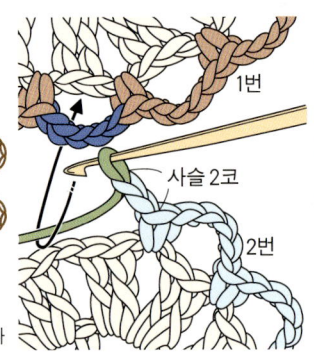

1. 코바늘은 뜨고 있는 실의 아래를 지나, 1번 모티브의 마지막 단의 사슬뜨기 공간으로 뒤쪽에서부터 넣습니다. 그 상태에서 실을 걸어 뺍니다.

2. 왼쪽의 그림과 같이 한 번 더 코바늘에 실을 걸어 뺍니다.

3. 짧은뜨기를 뜬 모습입니다.

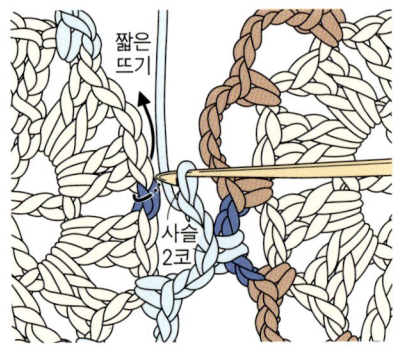

4. 사슬을 2코 떴으면 뜨고 있는 모티브(2번)로 돌아와서 지금까지 뜬 것과 마찬가지로 앞에서부터 바늘을 넣어 짧은뜨기를 뜹니다.

5. 짧은뜨기를 떴습니다.

6. 1~5를 반복하여, 옆의 산도 똑같이 짧은뜨기로 연결합니다. 뜨면서 연결하는 모티브의 수가 늘더라도 잇는 순서는 **테크닉 1**과 같습니다.

테크닉 3 빼뜨기로 한곳에 여러 장의 모티브를 뜨면서 잇기

 **테크닉 4** 짧은뜨기로 한곳에 여러 장의 모티브를 뜨면서 잇기

● 모티브 뜨기 포인트
32쪽에 있는 도일리를 응용한 것으로 2단까지는 뜨는 법이 같습니다. 3단에서 세 번째 산마다 사슬의 콧수를 2코씩 늘려 모서리를 만들면 사각형의 모티브가 됩니다.

● 잇기 포인트
모티브 4장의 모서리가 연결되는 중앙 부분이 포인트입니다. 2번을 1번에 잇는 것은 테크닉 1·2와 같지만 3, 4번은 2번을 연결한 뜨개코에 코바늘을 넣어서 연결합니다. 4장이 겹치는 부분 이외는 전부 테크닉 1·2와 같은 방법으로 연결합니다.

33쪽에 있는 도일리
실 울 병태사(흰색·연갈색 각 5g)
코바늘 5/0호
모티브 크기
지름 6×6cm
도일리 크기
세로 12× 가로 12cm

테크닉 3의 뜨개 도안 (잇는 법)

▶ = 실을 자른다

잇는 순서

4	3
2	1

4장의 모티브를 여기에서 연결한다

화살표가 생략된 경우. 맞은편의 사슬을 다발로 주워 빼뜨기한다

*테크닉 4의 뜨개 도안과 잇는 법은 46쪽에 있습니다.

빼뜨기로 한곳에 여러 장의 모티브를 뜨면서 잇기
※알아보기 쉽도록 색상을 바꾸어 떴습니다.

Step 1 2번 모티브를 1번에 잇는다

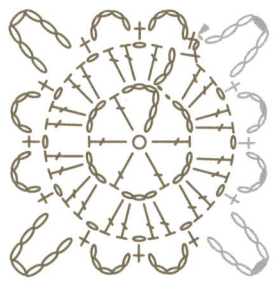

2번 모티브의 뜨개 도안

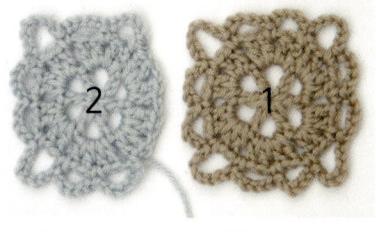

1. 1번 모티브를 뜹니다. 2번은 사슬뜨기의 산을 8개분까지 뜹니다.

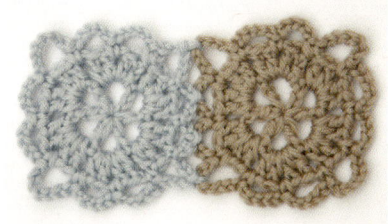

2. **테크닉 1**(40쪽 참조)로 네 곳을 연결합니다. 모서리의 산은 연결 전후에 사슬을 3코씩 뜹니다.

Step 2 3번 모티브를 2번, 1번에 잇는다

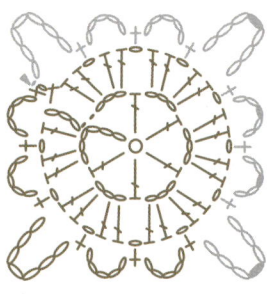

3번 모티브의 뜨개 도안

1. 3번은 사슬뜨기의 산을 5개분 뜹니다.

3. 빼낸 모습입니다. 이것으로 3번 모티브의 모서리가 연결되었습니다.

4. 사슬을 3코 뜨고, 뜨고 있는 모티브(3번)로 돌아와 다발에 짧은뜨기를 뜹니다.

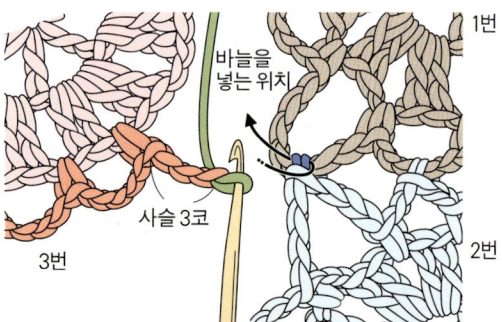

2. 사슬을 3코 뜬 다음, 그림과 같이 2번을 1번에 연결한 빼뜨기의 다리 2가닥에 코바늘을 넣고, 실을 걸어 뺍니다.

5. 짧은뜨기를 떴습니다. 이어서 1번에 빼뜨기를 하면서 연결하고, 남은 한 변을 뜹니다.

Step 3 — 4번 모티브를 2번, 1번, 3번에 잇는다

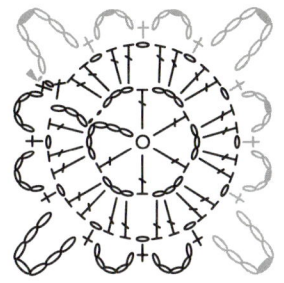

4번 모티브의 뜨개 도안

1. 4번은 사슬뜨기의 산을 5개분까지 뜨고, 모서리부터 산 3개분을 빼뜨기로 2번에 연결합니다.

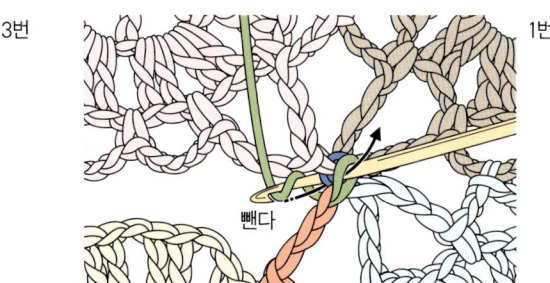

2. 다음 모서리는 3번에서 빼뜨기한 같은 위치(2번을 1번에 연결한 빼뜨기의 다리 2가닥)에 코바늘을 넣고, 빼뜨기합니다.

3. 빼뜨기를 했습니다.

4. 사슬을 3코 뜨고, 뜨고 있는 모티브(4번)로 돌아와 짧은뜨기를 다발에 뜹니다.

5. 짧은뜨기를 떴습니다. 이어서 3번에 빼뜨기를 하면서 연결하고, 실을 정리합니다.

Point!
여러 장을 연결할 때는 2번 모티브를 연결한 뜨개코의 다리에 바늘을 넣습니다

1번의 모서리에 모든 모티브를 이으면 연결 코가 벌어져서 모양도 안정감도 그리 좋지 않습니다. 여러 장을 잇는 경우에는 3번 이후 모든 모티브는 2번을 1번에 연결한 뜨개코의 다리에 코바늘을 넣어 연결하도록 합니다.

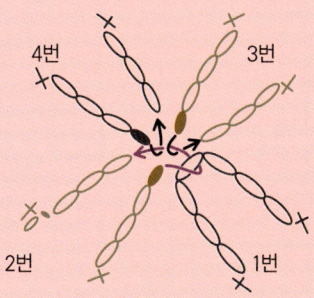

1번에 모든 모티브를 이으면 연결 코가 벌어집니다.

3번 모티브 이후에는 2번에 이으면 연결 코가 한곳으로 모입니다.

짧은뜨기로 한곳에 여러 장의 모티브를 뜨면서 잇기
(테크닉 3의 빼뜨기를 짧은뜨기로 바꾼다)

※알아보기 쉽도록 색상을 바꾸어 떴습니다.

테크닉 4의 뜨개 도안 (잇는 법)

4번 / 3번 / 2번 / 1번
짧은뜨기로 4장을 잇는다
짧은뜨기로 1번에 잇는다

▶ = 실을 자른다

*1번과 2번은 테크닉 2(42쪽 참조)로 연결해둔다

Step 1 3번 모티브를 2번, 1번에 잇는다

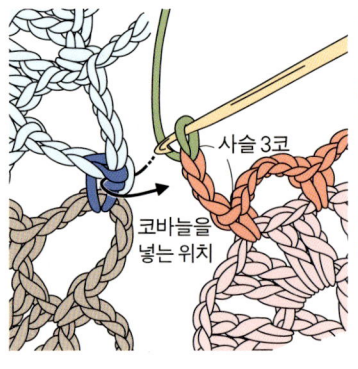

사슬 3코
코바늘을 넣는 위치

1. 3번은 사슬을 3코 뜨고, 2번을 1번에 연결한 짧은뜨기의 다리에 뒤쪽에서 바늘을 넣고, 실을 걸어 뺍니다.

2. 다시 한 번 코바늘에 실을 걸어 뺍니다.

3. 짧은뜨기를 떴습니다. 3번의 모티브가 왼쪽으로 가도록 뜨개바탕을 바꾸어 잡고, 이후 뜨개코가 비틀어지지 않게 합니다.

4. 사슬을 3코 떴으면 뜨고 있는 모티브(3번)로 돌아가서 지금까지 뜬 것과 같이 위에서 바늘을 넣어 짧은뜨기를 뜹니다.

5. 짧은뜨기를 떴습니다. 다음은 1번에 짧은뜨기를 뜨면서 연결한 다음, 남은 한 변을 뜨고 마지막에 실을 정리합니다.

Step 2 4번 모티브를 2번, 1번, 3번에 잇는다

1. 4번은 먼저 2번에 짧은뜨기로 세 곳을 연결하고, 중앙으로 왔으면 3번을 이은 같은 위치(2번을 1번에 연결한 짧은뜨기의 다리)에 뒤쪽에서부터 코바늘을 넣고, 짧은뜨기를 뜹니다.

2. 짧은뜨기를 떴습니다. 2번의 짧은뜨기 다리에 3번과 4번이 이어져 있습니다. 남은 세 곳을 3번에 연결하고, 실을 정리하면 완성됩니다.

테크닉 5 한길 긴뜨기로 코바늘을 잠시 빼고 뜨면서 잇기

● 모티브 뜨기 포인트
기초코는 '손가락에 실을 감아 원을 만드는 방법'(12쪽 참조)으로 만듭니다. 1단은 한길 긴 2코 구슬뜨기와 사슬뜨기로 뜨고, 2단의 꽃잎은 토대가 되는 사슬의 산에 코바늘을 푹 넣어 다발에 뜹니다. 꽃잎은 가운데가 약간 길게 되도록 한길 긴뜨기의 실을 뺄 때 조정하면 곡선이 예쁘게 나옵니다.

● 잇기 포인트
먼저 중심의 1장을 뜨고, 2번 모티브부터는 1번의 둘레에 연결하면서 뜹니다. 잇는 위치에서 일단 코바늘을 빼어 연결할 상대 모티브로 코를 통과시키고 나서 손뜨개를 진행합니다. '한길 긴뜨기로 코바늘을 잠시 빼고 뜨면서 잇기'의 기호는 특별히 없습니다.

34쪽에 있는 도일리
실 울 병태사(회분홍 15g)
코바늘 5/0호
모티브 크기
지름 5.5㎝
도일리 크기
세로 16.5×가로 15㎝

테크닉 5의 뜨개 도안 (잇는 법)

잇는 순서

► = 실을 자른다

중앙을 한길 긴뜨기로 잇는다

테크닉 5 한길 긴뜨기로 코바늘을 잠시 빼고 뜨면서 잇기

※알아보기 쉽도록 색상을 바꾸어 떴습니다.

Step 1 2번 모티브를 1번에 잇는다

2번 모티브의 뜨개 도안

1. 1번 모티브를 뜹니다. 2번은 꽃잎을 5장까지 뜹니다.

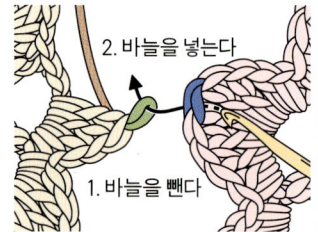

2. 그리고 여섯 번째 꽃잎의 한길 긴뜨기 2코까지 뜨고, 일단 코바늘을 뺍니다. 1번 장의 꽃잎 중앙의 한길 긴뜨기 머리 2가닥에서 조금 전에 뺀 코에 코바늘을 다시 넣고, 그 코를 빼냅니다.

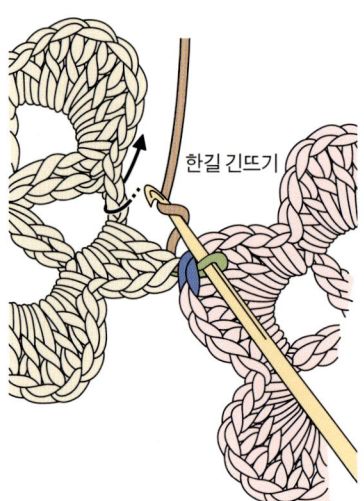

3. 2번 모티브에 한길 긴뜨기를 뜹니다. 우선은 코바늘에 실을 걸어 앞단의 공간에 코바늘을 넣고, 실을 걸어 뺍니다.

4. 코바늘에 실을 걸어 2개의 고리에서 뺍니다.

5. 다시 한 번 코바늘에 실을 걸어 2개의 고리를 뺍니다.

6. 1번과 2번이 연결되었습니다.

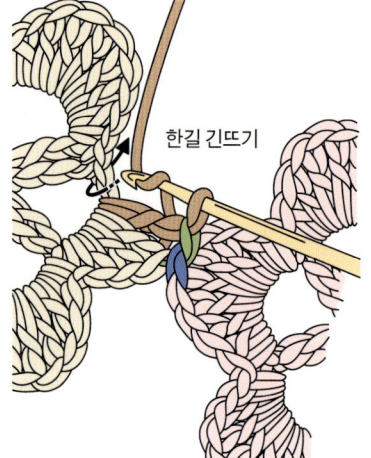

7. 다음은 그대로 2번 모티브에 한길 긴뜨기를 뜹니다.

8. 뜨개 도안대로 짧은뜨기까지 떴습니다. 그리고 실 정리를 하면(23쪽 참조) 끝입니다.

Step 2   3번 모티브를 2번, 1번에 잇는다

3번 모티브의 뜨개 도안

1. 3번을 2장에 연결하므로 꽃잎을 4장분의 위치까지 뜹니다.

2. 한길 긴뜨기 2코까지 떴으면 코바늘을 일단 빼고, Step 1과 같은 요령으로 2번에 연결합니다.

3. 다섯 번째 꽃잎을 뜨고, 여섯 번째 꽃잎은 한길 긴뜨기 2코까지 뜬 다음, 1번에 연결합니다. 마지막까지 뜨고 실을 정리하면 끝입니다.

Step 3   7번 모티브를 6번, 2번에 잇는다

7번 모티브의 뜨개 도안

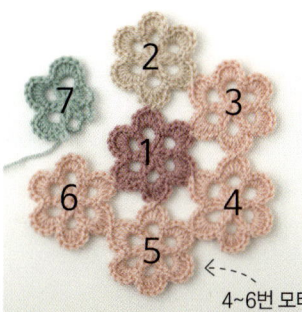

1. 7번은 꽃잎을 3장분 뜨고, 6번, 1번, 2번의 순으로 잇습니다.

4~6번 모티브를 Step 2와 같이 직전에 뜬 모티브와 중심의 모티브에 연결합니다.

2. Step 2와 같은 요령으로 떠서 3장에 연결했습니다. 마지막까지 떠서 실을 정리(23쪽 참조)하면 도일리가 완성됩니다.

이럴 때는?

Q 모티브를 뜨면서 잇는 순서를 모르겠어요

A 책에 연결하는 순서가 쓰여 있으면 문제 없지만 직접 해보고 싶을 때는 조금 헤맬 수 있습니다. 모티브를 잇는 순서는 특별히 정해진 것은 없지만 어떤 모티브라도 자신만의 룰을 정하여 규칙적으로 연결하기를 추천합니다. 이를테면 둥글게 이을 때는 중심부터 시작하여 빙 둘러 잇는다든지 네모나게 이을 때는 같은 방향을 반복하여 잇는다는 식으로 규칙을 정합니다. 이웃하는 모티브의 색깔이 다른 경우는 이음매가 두드러지므로 특별히 주의를 기울입니다.

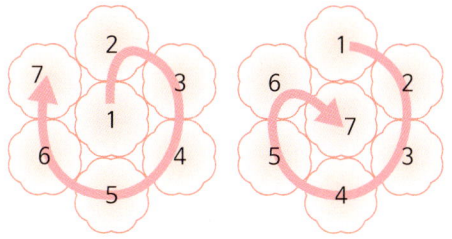

중심부터 시작하여 빙 둘러 잇는 것이 가장 쉬운 방법이지만 중심의 모티브가 위에 얹힌 듯한 느낌으로 만들고 싶을 때는 마지막에 중심을 떠도 OK.

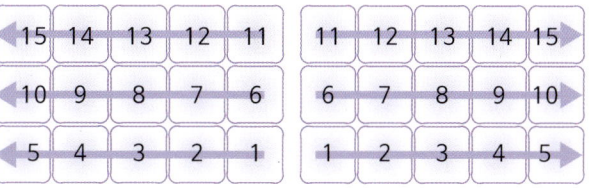

오른쪽부터든 왼쪽부터든 같은 방향으로 연결하면 예쁘게 완성됩니다.

35쪽에 있는 도일리

실 울 병태사(블루 그린 15g)
코바늘 5/0호
모티브 크기 지름 6×5.5cm
도일리 크기 세로 16.5×가로 15.5cm

테크닉 6 한길 긴뜨기로 코바늘을 잠시 빼고 여러 코를 뜨면서 잇기

● 모티브 뜨기 포인트
기초코는 '손가락에 실을 감아 원을 만드는 방법'(12쪽 참조)으로 만듭니다. 1단 끝에 빼뜨기를 하고 2단의 기둥코로 사슬 1코를 떴으면 다음의 짧은뜨기는 조금 전에 뜬 빼뜨기와 같은 코에 코바늘을 넣어서 뜹니다. 2단의 끝은 짧은뜨기의 머리에 빼뜨기를 하고, 다시 한 번 왼쪽의 사슬뜨기를 다발로 떠서 빼뜨기한 다음, 기둥코를 뜹니다.

● 잇기 포인트
연결 위치에서 일단 코바늘을 빼고, 연결할 상대 모티브에 코를 통과시킨 다음, 한길 긴뜨기의 머리를 주우면서 뜹니다. '한길 긴뜨기로 코바늘을 잠시 빼고 뜨면서 잇기'의 기호는 특별히 없습니다.

테크닉 6의 뜨개 도안 (잇는 법)

잇는 순서

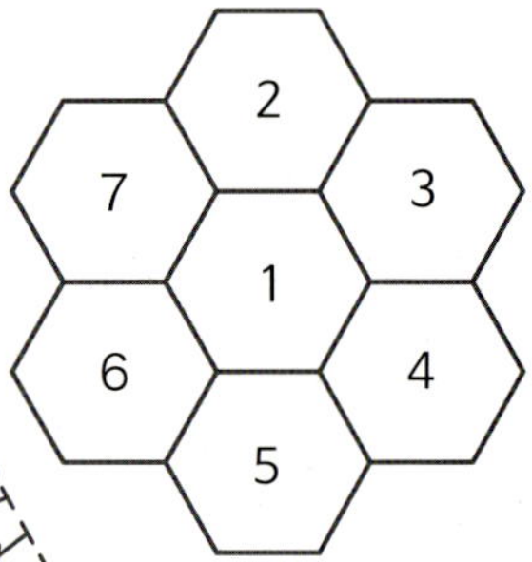

▶ = 실을 자른다

한길 긴뜨기로 6코를 잇는다

한길 긴뜨기로 코바늘을 잠시 빼고 여러 코를 뜨면서 잇기

※알아보기 쉽도록 색상을 바꾸어 떴습니다.

Step 1 2번 모티브를 1번에 잇는다

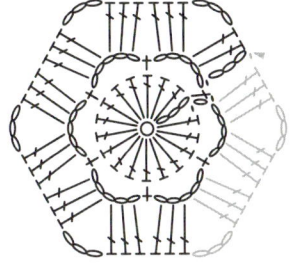

2번 모티브의 뜨개 도안

1. 1번 모티브를 뜹니다. 2번은 다섯 번째 모서리 전까지 뜹니다.

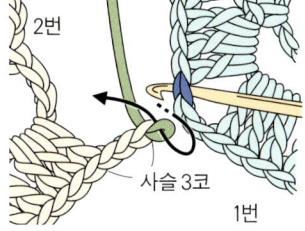

2. 사슬을 3코 떴으면 코바늘을 빼고, 1번의 연결하려는 한길 긴뜨기의 옆 사슬의 머리 2가닥에 코바늘을 넣고, 뜨고 있던 코를 빼냅니다.

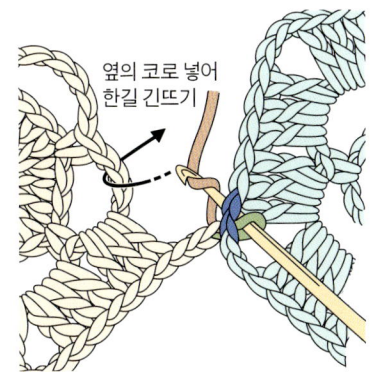

3. 1번의 바로 옆 한길 긴뜨기의 머리 2가닥에 코바늘을 넣은 다음, 바늘에 실을 걸어 2번 모티브의 사슬 다발에 코바늘을 넣습니다.

4. 실을 걸어 빼고, 코바늘에 다시 한 번 실을 걸어 2개의 고리를 뺍니다.

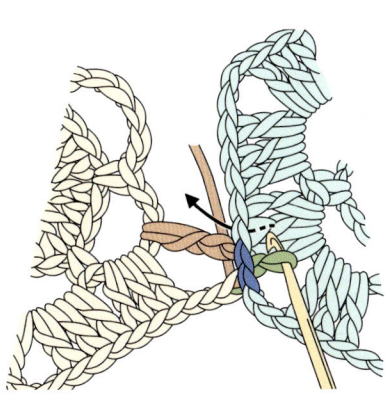

5. 마지막으로 실을 걸어 뺄 때에 코바늘에 걸려 있는 모든 고리를 한 번에 뺍니다.

6. 한길 긴뜨기 1코를 떴습니다.

7. 그 다음에는 위의 그림과 같이 먼저 옆 한길 긴뜨기의 머리 2가닥에 코바늘을 넣고, 과정 3~6과 같이 한길 긴뜨기를 뜹니다.

8. 총 3코의 한길 긴뜨기로 뜨면서 연결했습니다. 다음 3코의 한길 긴뜨기도 같은 방법으로 뜨면서 연결합니다.

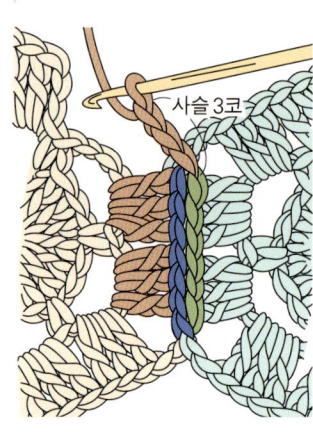

9. 한길 긴뜨기 6코로 모티브를 이었습니다. 뜨개 도안대로 사슬 3코를 뜨고, 조금 전과 같은 다발에 코바늘을 넣어 마지막 한길 긴뜨기 3코를 뜹니다.

10. 연결이 끝났습니다. 실을 정리합니다(14쪽 참조).

Step 2 — 3번 모티브를 2번, 1번에 잇는다

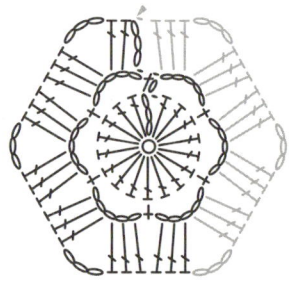

3번 모티브의 뜨개 도안

1. 3번을 2장에 연결하므로 네 번째 모서리 전까지 뜹니다.

2. Step 1과 같은 요령으로 사슬 3코를 뜨고, 먼저 2번에 연결합니다.

3. 한길 긴뜨기 6코로 이었으면 사슬 3코를 뜨고 계속해서 1번에 연결합니다.

4. 모두 이었습니다.

5. 사슬 3코, 한길 긴뜨기 3코를 뜬 다음, 실을 정리하면 끝입니다.

Step 3 — 7번 모티브를 6번, 1번, 2번에 잇는다

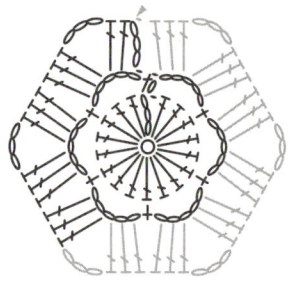

7번 모티브의 뜨개 도안

1. 7번을 3장에 연결하므로 세 번째 모서리 전까지 뜹니다.

4~6번 모티브는 Step 2와 같이 직전에 뜬 모티브와 중심의 모티브에 잇는다

2. Step 2와 같은 요령으로 먼저 6번, 이어서 1번, 마지막으로 2번에 연결합니다. 끝까지 떠서 실을 정리하면 도일리가 완성됩니다.

테크닉 7 짧은뜨기로 잇기

 **테크닉 8** 빼뜨기로 잇기

● 모티브 뜨기 포인트

기초코는 '손가락에 실을 감아 원을 만드는 방법'(12쪽 참조)으로 만듭니다. 1단의 마지막은 짧은뜨기의 머리에 빼뜨기를 합니다. 2단의 한길 긴뜨기는 1단의 짧은뜨기 1코에 2코씩(같은 곳에 코바늘을 넣는다) 한길 긴뜨기를 뜹니다. 3단부터 색깔을 바꿉니다.

● 잇기 포인트

완성한 모티브를 코바늘을 사용하여 연결하는 방법으로 뜨개코가 촘촘한 모티브에 적합합니다. 연결하는 법은 한쪽 방향씩, 여기서는 먼저 가로 방향, 이어서 세로 방향으로 진행합니다. 연결을 표시하는 뜨개 도안은 특별히 없습니다.

36쪽에 있는 도일리

실 울 병태사(연분홍·고동색·베이지 각 5g)
코바늘 5/0호
모티브 크기 5×5cm
도일리 크기 세로 10×가로 10cm

테크닉 7·8의 뜨개 도안 (잇는 법)

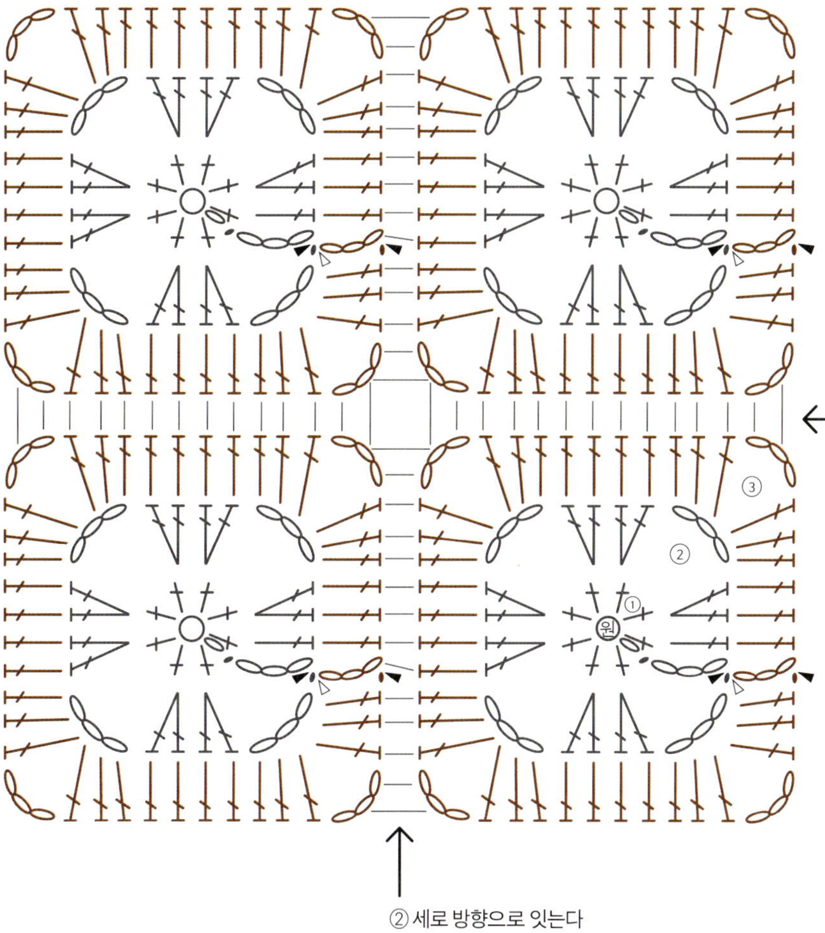

잇는 순서

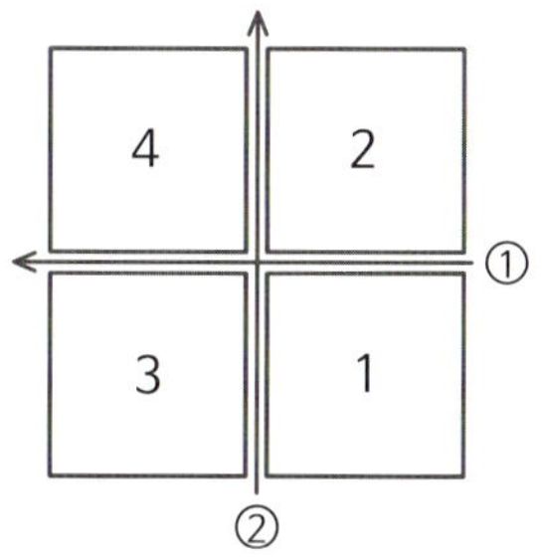

① 가로 방향으로 잇는다
② 세로 방향으로 잇는다

▷ = 실을 연결한다
▶ = 실을 자른다

 ## 짧은뜨기로 잇기 (앞면이 겉으로 나오게 합쳐 반코에 뜬다)

※알아보기 쉽도록 색상을 바꾸어 떴습니다.

Step 1 1, 2번 모티브를 잇는다 (가로 방향)

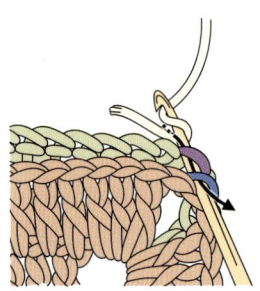  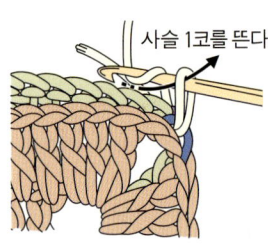 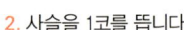 사슬 1코를 뜬다

1. 2장의 모티브를 앞면이 겉으로 나오게 합쳐, 모서리 중앙 사슬뜨기의 바깥쪽 반코씩에 코바늘을 넣고, 실을 걸어 빼냅니다.

2. 사슬을 1코를 뜹니다.

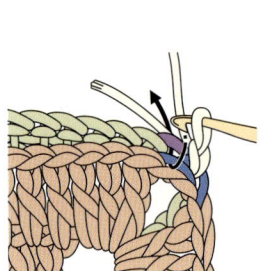  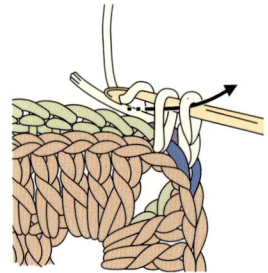

3. 다음의 사슬코도 똑같이 바깥쪽 반코씩에 코바늘을 넣습니다. 실을 걸어 사진의 화살표와 같이 뺍니다. 실 끝자락을 감싸면서 뜹니다.

4. 다시 한 번 코바늘에 실을 걸어 고리 2개를 뺍니다.

 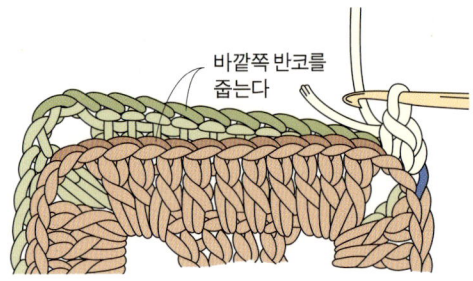

5. 실 끝자락을 감싸면서 짧은뜨기를 떴습니다.

6. 한길 긴뜨기 부분도 사슬코와 마찬가지로 머리의 반코씩을 주워서 뜹니다. 사진은 다음 모서리 중앙의 사슬뜨기까지 뜬 모습입니다.

 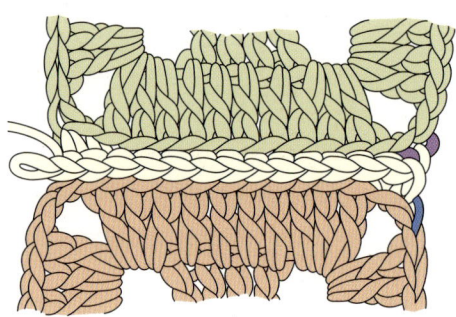

7. 2장의 모티브를 펼쳐 본 모습. 연결한 짧은뜨기의 양옆으로 모티브 끝 뜨개코의 반코가 가지런히 이어집니다.

Step 2 3, 4번을 잇는다 (가로 방향)

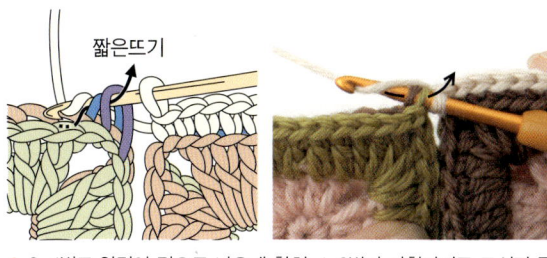

1. 3, 4번도 앞면이 겉으로 나오게 합쳐, 1, 2번과 마찬가지로 모서리 중앙의 사슬뜨기의 반코씩에 코바늘을 넣고, 실을 걸어 뺍니다.

2. 다시 한 번 코바늘에 실을 걸고 빼서 짧은뜨기를 뜹니다.

3. 짧은뜨기를 떴습니다. 다음은 Step 1과 같이 다음 모서리 중앙의 사슬코까지 짧은뜨기를 뜹니다.

Step 3 세로 방향으로 잇는다

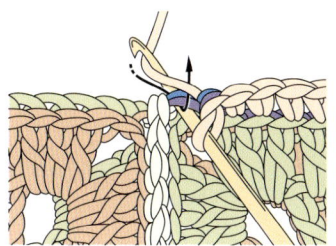

1. 연결 시작은 Step 1과 같습니다. Step 1을 참조하면서 가로 방향을 연결한 부분 전까지 뜹니다.

2. 모서리의 사슬코는 가로 방향을 연결한 코가 지나고 있는 같은 부분에 코바늘을 넣고, 짧은뜨기를 뜹니다.

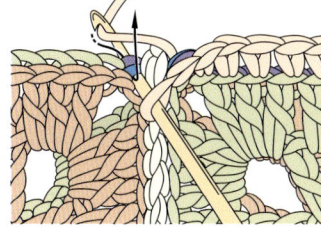

3. 다음 2장의 연결 시작도 역시 가로 방향을 연결한 코가 지나고 있는 같은 부분에 코바늘을 넣고, 짧은뜨기를 뜹니다.

4. 다음은 지금까지 떴던 것과 같이 끝까지 짧은뜨기를 뜹니다.

Point! 실 정리

모티브를 모두 연결했으면 그대로 실을 빼서 돗바늘에 꿰고, 뒤쪽에서 실 끝자락을 통과시켜 실을 정리합니다. 연결 시작 부분은 실 끝을 감싸면서 떴으므로 실 정리를 할 필요가 없습니다.

Point! 연결할 모티브의 개수가 늘어도 잇는 법은 같습니다

모티브가 몇 장이 되든 한쪽 방향씩 연결합니다. 작품에 따라 네모난 모양이 아닌 경우도 있습니다. 어느 방향으로 어떻게 잇는지 명확한 규칙은 없지만 가능한 한 같은 방향을 모아서 연결할 수 있게 순서를 생각하면서 잇습니다.

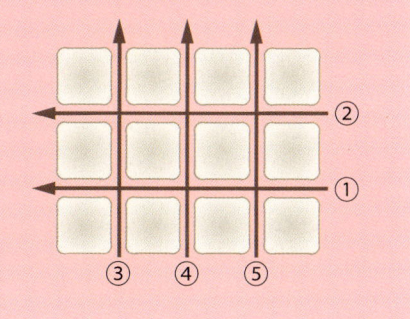

 ## 빼뜨기로 잇기 (앞면이 맞닿게 합쳐 반코에 뜬다)

※알아보기 쉽도록 색상을 바꾸어 떴습니다.

Step 1 가로 방향을 잇는다

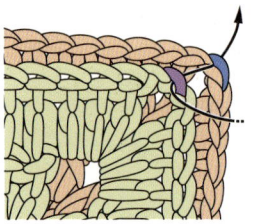

1. 2장의 모티브를 앞면이 맞닿게 합쳐, 모서리 중앙 사슬뜨기의 바깥쪽 반코씩에 코바늘을 넣습니다.

빼뜨기로 연결했습니다. 완성 모습은 짧은뜨기보다 얇게 마무리됩니다. 앞면이 맞닿게 합쳐서 뜨므로 연결용 실은 겉에서는 거의 보이지 않고, 반코가 가지런히 이어집니다.

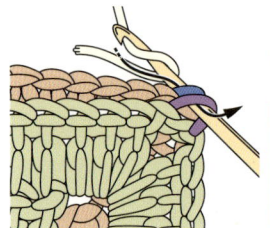

2. 코바늘에 실을 걸어 뺍니다.

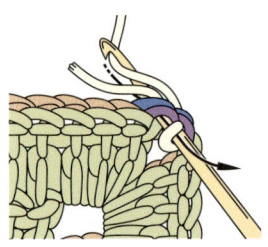

3. 다음의 사슬코도 반코씩에 코바늘을 넣고, 실 끝자락을 코바늘에 올린 다음 실을 걸어, 코바늘에 걸린 모든 고리를 뺍니다.

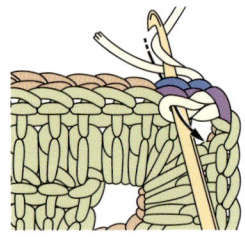

4. 다음의 한길 긴뜨기 머리도 마찬가지로 반코씩에 코바늘을 넣고, 이번에는 실 끝자락을 코바늘의 아래에 두고 실을 걸어 뺍니다. 이후 실 끝을 코바늘의 위아래로 번갈아 두면서 빼뜨기를 계속합니다.

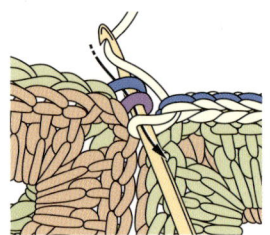

5. 3, 4번 모티브도 앞면이 맞닿게 합쳐, 모서리 중앙의 사슬뜨기의 반코씩에 코바늘을 넣고 뺍니다. 다음 모서리까지 빼뜨기를 계속합니다.

Step 2 세로 방향을 잇는다

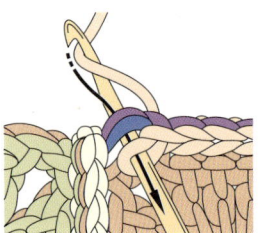

1. Step 1과 같은 요령으로 연결을 시작하여 다음 모서리까지 왔으면 가로 방향을 이은 코가 지나고 있는 같은 부분에 코바늘을 넣고 빼뜨기를 뜹니다. 사진은 바늘을 넣은 모습입니다.

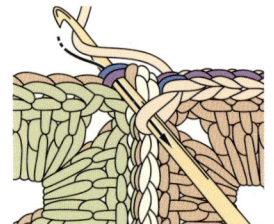

2. 다음 2번 모티브의 연결 시작 부분은 역시 가로 방향을 연결한 코가 지나고 있는 같은 부분에 코바늘을 넣고 빼뜨기를 뜹니다. 이후 끝까지 빼뜨기로 잇습니다.

테크닉 9

반코를 휘감아 잇기

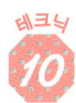

테크닉 10

전 코를 휘감아 잇기

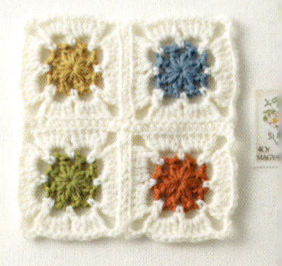

37쪽에 있는 도일리

실 울 병태사(흰색 10g, 파란색·오렌지색·노란색·녹색 각 소량)

코바늘 5/0호

모티브 크기

6×6㎝

도일리 크기

세로 12×가로 12㎝

● 모티브 뜨기 포인트

기초코는 '손가락에 실을 감아 원을 만드는 방법'(12쪽 참조)으로 만듭니다. 1단 마지막의 긴뜨기는 기둥코인 사슬에서가 아니라 다음 한길 긴뜨기의 머리에 코바늘을 넣어서 뜹니다. 2단에서 색깔을 바꿀 때는 1단의 끝인 긴뜨기에서 마지막으로 코를 뺄 때(29쪽 참조) 합니다.

● 잇기 포인트

완성한 모티브를 돗바늘을 사용하여 휘감아 잇기로 연결합니다. 테크닉 7, 8과 같이 한쪽 방향으로 이어 갑니다. 잇는 것을 나타내는 뜨개 도안은 특별히 없습니다.

테크닉 9·10의 뜨개 도안 (잇는 법)

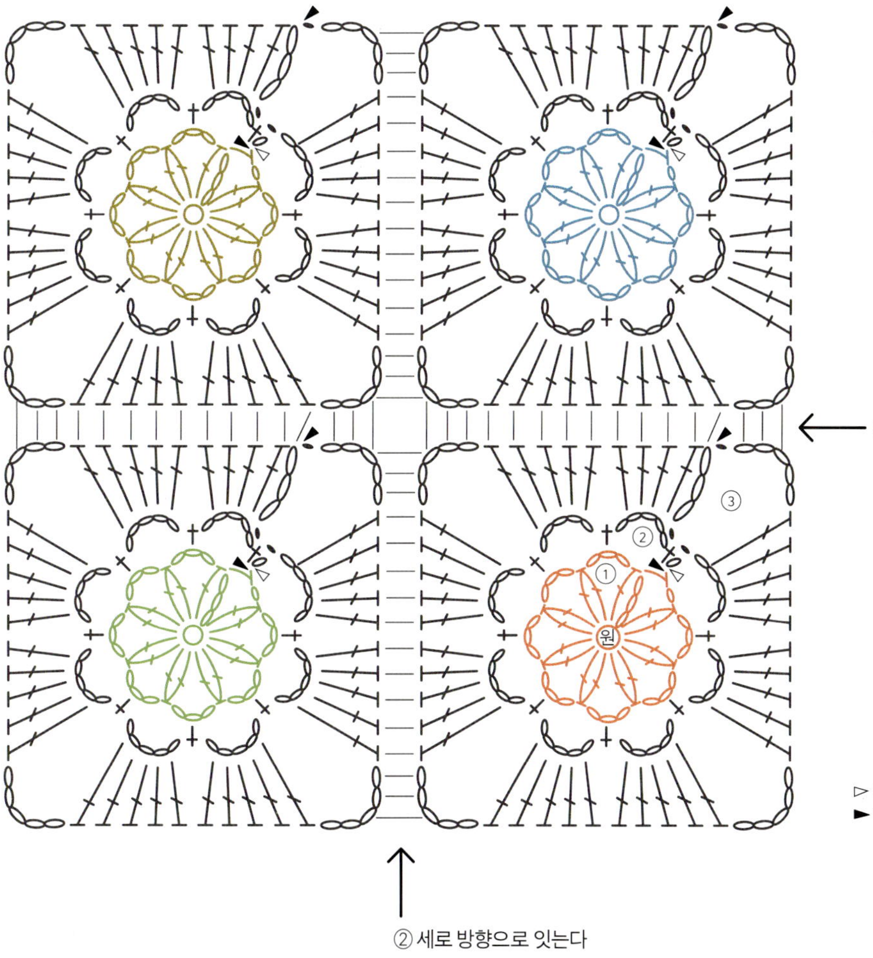

③
②
①
원
①가로 방향으로 잇는다
②세로 방향으로 잇는다
▷ = 실을 연결한다
► = 실을 자른다

잇는 순서

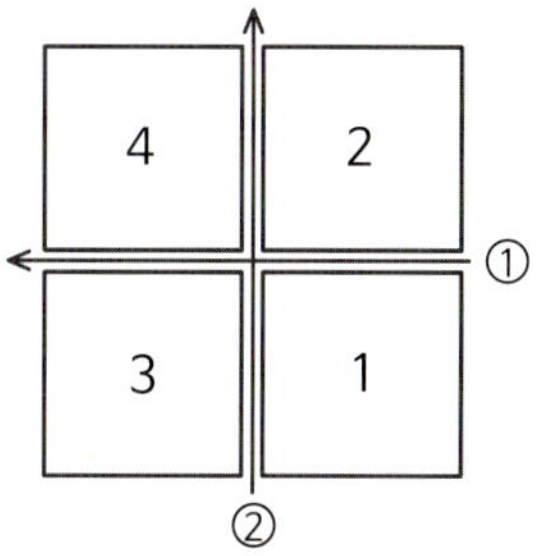

4
2
3
1
①
②

테크닉 9 반코를 휘감아 잇기

※알아보기 쉽도록 색상을 바꾸어 떴습니다.

Step 1 · 1, 2번 모티브를 잇는다 (가로 방향)

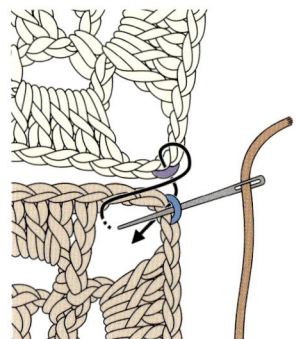

1. 앞면을 위로 하여 2장의 모티브를 맞붙이고, 왼손으로 잡습니다. 먼저 아래 모티브 모서리 중앙 사슬코의 바깥쪽 반코에 돗바늘을 넣습니다.

바늘을 넣는 위치

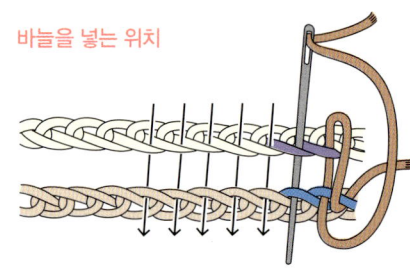

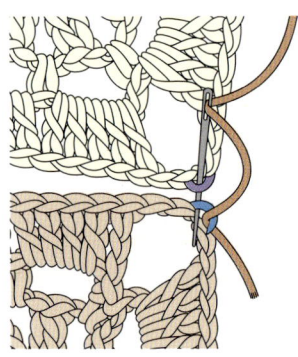

2. 위아래 모티브 모두, 모서리 중앙 사슬코의 바깥쪽 반코에 돗바늘을 넣습니다(아래 모티브는 같은 곳에 2번 실이 지납니다).

3. 그대로 실을 당깁니다.

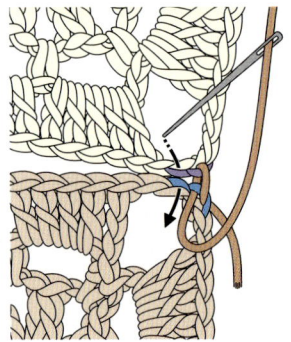

4. 다음 사슬코도 마찬가지로 바깥쪽 반코에 위에서 아래로 돗바늘을 넣습니다.

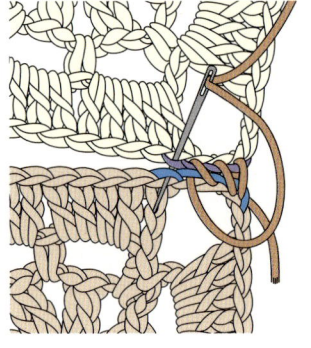

5. 한길 긴뜨기의 머리도, 같은 요령으로 바깥쪽의 1가닥씩에 돗바늘을 넣습니다.

6. 다음 모서리의 중앙까지 휘감아 잇기를 합니다.

Point!

실을 당기는 힘을 일정하게 해주세요

휘감아 잇기는 실을 당기는 힘이 고르지 않으면 예쁘게 완성되지 않습니다. 처음에는 천천히, 가능한 한 일정한 힘으로 실을 당기도록 주의합니다. 익숙해지면 이음매가 예쁘고 가지런해집니다.

실을 당기는 힘이 일정하지 않은 예. 모티브 끝의 코도 일그러집니다.

Step 2 — 3, 4번을 잇는다 (가로 방향)

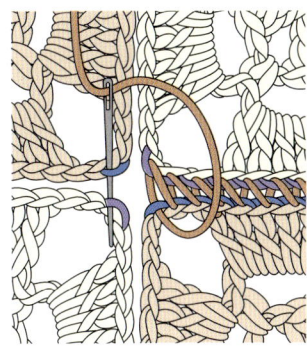

1. 3, 4번 모티브도 앞면을 위로 하여 맞붙이고, 모서리 중앙 사슬코의 바깥쪽 반코에 그림과 같이 돗바늘을 넣어 실을 당깁니다.

2. 다음은 Step 1과 같이 다음 모서리의 중앙까지 휘감아 잇기를 계속합니다.

Step 3 — 세로 방향을 잇는다

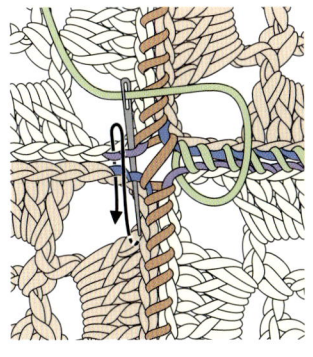

1. 연결 시작은 Step 1과 같은 요령으로 합니다. 중앙까지 왔으면 가로 방향을 휘감아 이은 실이 지나고 있는 부분에 돗바늘을 넣고 실을 당깁니다.

2. 다음 2장의 연결 시작은 역시 가로 방향을 연결한 실이 지나고 있는 같은 부분에 돗바늘을 넣습니다.

3. 중앙에서 연결용 실이 교차합니다.

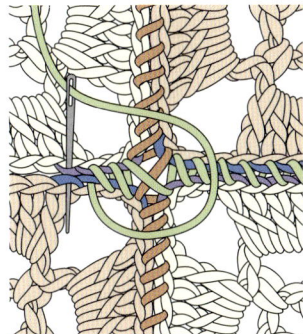

4. 다음은 지금까지 했던 것과 같이 끝까지 휘감아 잇습니다.

Point! 실 정리

모두 연결했으면 그 실을 뒤쪽으로 빼내 겉에서 보이지 않도록 실을 정리합니다. 연결 시작 부분도 마찬가지로 겉에서 보이지 않게 뒤에서 실 끝을 뜨개코로 통과시켜 실을 정리합니다.

이럴 때는?

Q 휘감아 잇는 도중에 실이 부족해졌어요!

A 휘감는 실은 너무 길면 꿰매기 힘들고 실도 상하므로 50~60㎝ 정도 길이를 넘지 않는 것이 좋습니다. 여러 장의 모티브를 이을 경우는 도중에 실을 보충하면서 진행합니다.

1. 실 정리가 가능한 길이(10㎝ 정도)로 남기고 모티브의 뒤쪽으로 실을 뺍니다.

2. 새 실도 실 정리가 가능한 길이로 남기고, 1의 마지막 휘감아 잇는 1코와 겹치도록 연결합니다.

테크닉 10 전 코를 휘감아 잇기

※알아보기 쉽도록 색상을 바꾸어 떴습니다.

Step 1 가로 방향을 잇는다

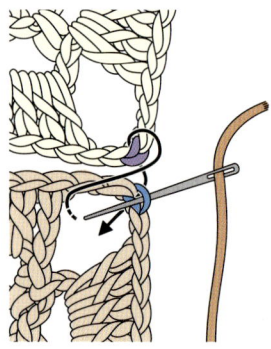

1. 테크닉 9와 같은 요령으로 먼저 아래 모티브의 모서리 중앙 사슬코의 바깥쪽 반코에 돗바늘을 넣습니다.

전 코(뜨개코의 머리 2가닥)를 휘감아 이었습니다. 튼튼하게 연결되지만 반코를 잇는 것보다 다소 두툼하게 완성됩니다.

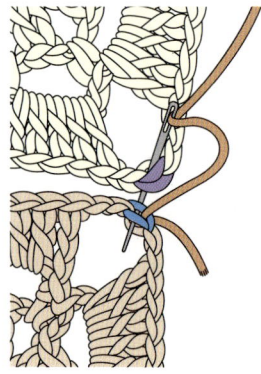

2. 위아래의 모티브 모두, 모서리 중앙의 사슬코 2가닥에 돗바늘을 넣고 실을 당깁니다. 나머지 사슬코와 한길 긴뜨기의 머리도, 2가닥씩에 돗바늘을 넣어 휘감아 잇습니다.

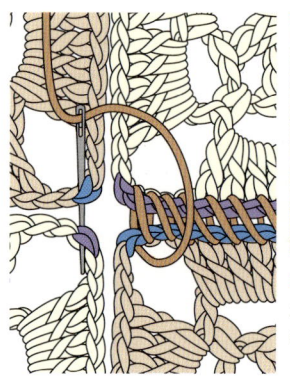

3. 다음 모서리 중앙의 사슬코까지 이었으면 3, 4번도 중앙의 사슬코부터 휘감아 잇기 시작하여 끝까지 연결합니다.

Step 2 세로 방향을 잇는다

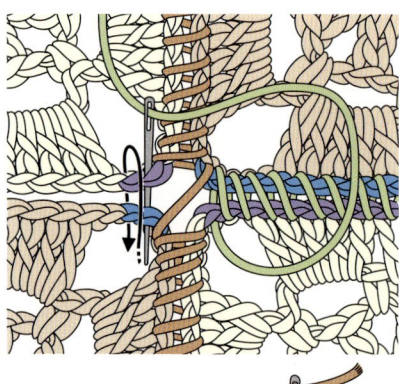

1. 연결 시작은 Step 1과 같은 요령으로 합니다. 다음 모서리까지 왔으면 가로 방향을 연결한 실이 지나고 있는 같은 부분에 돗바늘을 넣고 실을 당깁니다.

바늘을 넣는 위치

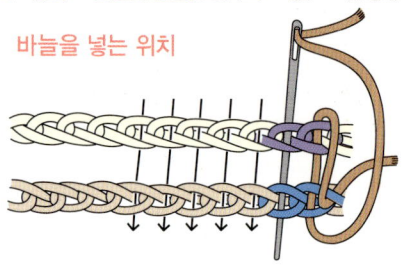

2. 다음 2장도 가로 방향을 연결한 실이 지나고 있는 같은 부분에 바늘을 넣고, 잇기 시작합니다. 다음은 지금까지와 같은 요령으로 끝까지 휘감아 잇습니다.

연결 후 공간을 메우는 방법

● 모티브 뜨기 포인트
32쪽에 있는 모티브와 같은 모티브를 사용합니다.

● 잇기 포인트
둥근 모티브를 사용하여 네모난 도일리가 되도록 모티브를 배치하므로 중앙에 공간이 생깁니다. 그곳을 사슬뜨기와 짧은뜨기로 메우는 방법입니다. 우선 4장의 모티브를 테크닉 2의 짧은뜨기로 뜨면서 잇기 방법으로 연결하고(42쪽 참조), 그 다음 중앙에 생긴 공간을 떠서 메웁니다.

38쪽에 있는 도일리

실 울 병태사(파란색·하늘색 각 5g, 흰색 소량)
코바늘 5/0호
모티브 크기 지름 6cm
도일리 크기 세로 12×가로 12cm

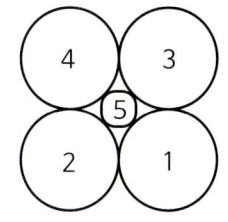

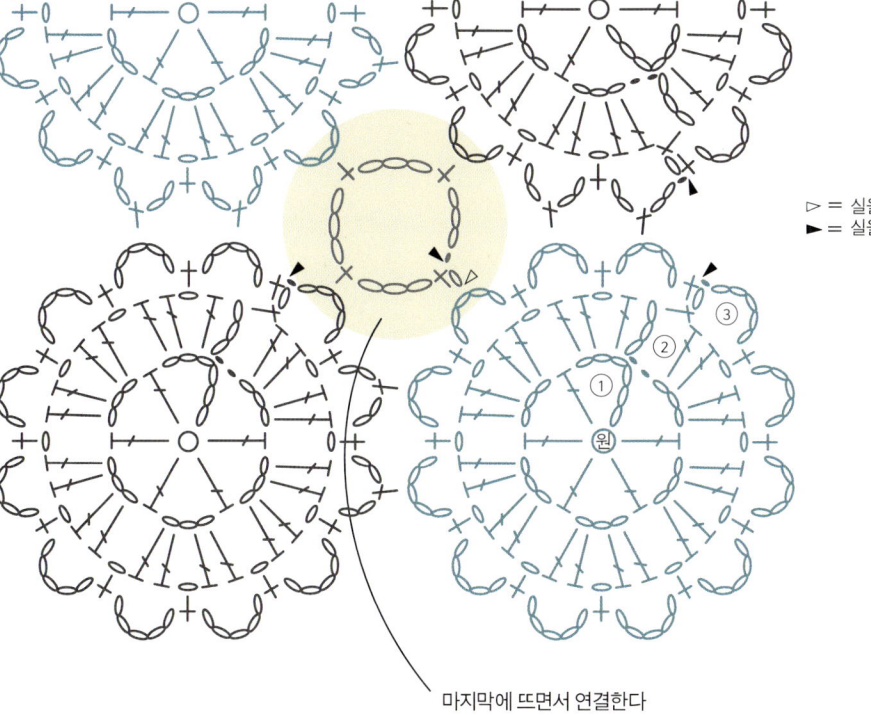

 연결 후 공간을 메우는 방법

Step 1
모티브 4장을 짧은뜨기로 뜨면서 잇는다

테크닉 2(42쪽 참조)를 활용하여 61쪽에 있는 뜨개 도안과 같이 4장의 모티브를 짧은뜨기로 뜨면서 연결합니다.

Step 2 중앙의 공간을 메운다

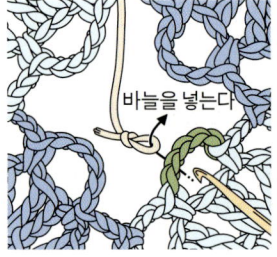

1. 사슬뜨기로 손뜨개 시작(9쪽 참조)을 만들고, 잠시 코바늘을 빼서 '모티브 마지막 단의 산, 조금 전의 사슬뜨기의 손뜨개 시작' 순으로 코바늘을 다시 넣은 다음, 그대로 뺍니다.

2. 실 끝을 왼쪽으로 하고, 기둥코로 사슬을 1코 뜹니다.

3. 같은 곳에 코바늘을 넣어 짧은뜨기를 뜨고, 이어서 사슬을 3코 뜹니다.

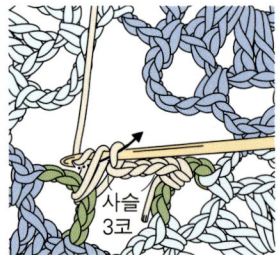

4. 2번 모티브에 코바늘을 위에서부터 다발에 넣고, 짧은뜨기를 뜹니다.

5. 같은 요령으로 3번과 4번 모티브도 연결합니다.

Step 3 실을 정리한다 (19쪽과 같은 방법)

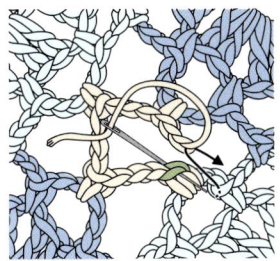  

1. 마지막은 사슬을 2코 뜨고 실을 자른 뺀 다음, 돗바늘에 실 끝을 꿰니다. 첫 짧은뜨기의 머리에 돗바늘을 넣습니다.

2. 사슬코의 중심에 돗바늘을 넣습니다.

3. 사슬 1코분의 크기까지 실을 당기고 겉에서 보이지 않도록 뒤쪽에서 실을 정리합니다. 손뜨개 시작 부분의 실도 같은 색상의 실로 통과시켜 정리합니다.

Point!

뒷손질은 스팀다리미로

다림질을 하면 뜨개코가 정돈되어 예쁘게 마무리됩니다. 온도는 실타래 라벨의 표시를 확인하세요.

이럴 때는…
도중에 다시 뜨고 싶을 때도 풀어낸 실에 스팀다림질을 하면 떴던 자국이 펴져서 뜨기 쉬워집니다.

다림질하는 법 … 뜨개바탕을 뒤집고 다리미를 조금 띄워서 스팀을 분사합니다. 증기를 머금고 있는 동안에 손으로 모양을 정돈하고, 식을 때까지 그대로 둡니다.

공간을 메우는 데는 그 공간의 크기에 맞는 다른 모티브를 사용하는 방법도 있습니다

사슬뜨기와 짧은뜨기로 메우는 것은 가장 간단한 방법이지만 공간의 크기에 맞추어 작은 모티브로 메우는 경우도 있습니다. 그럴 때도 잇는 순서는 같습니다. 먼저 메인이 되는 모티브를 연결하고 그 다음 사이를 메우는 모티브로 뜨면서 잇습니다.

메인 모티브의 1단을 응용한 모티브로 이었습니다

공간을 메우는 모티브는 중앙에서 뜨기 시작하여 1단을 뜨면서 4장의 모티브에 연결합니다. 그리고 기초코를 조인 다음에 실을 정리합니다.

▶ = 실을 자른다

모티브 1장으로 뜨는 소품

모티브를 1장 떴으면 먼저 작은 작품 만들기에 도전해보세요.
여기서부터는 10~63쪽에서 소개한 모티브로 만들 수 있는 소품을 소개합니다.
귀여운 작품으로 완성하여 몸에 착용하거나 가지고 다니면
모티브에 한층 더 애착이 생깁니다.

모티브·작품 제작: 다테노 가요코

머리끈

모티브 1개를 떠서 고무줄에
붙이기만 하면 끝입니다.
2단, 3단에서 색깔을 바꿉니다.
다양하게 만들어 즐겨주세요.

- **모티브** 20쪽의 모티브를 사용
- **실** 코튼 합세사(연한 베이지, 오렌지색, 녹색, 노란색, 그레이, 베이지, 핑크, 연보라 각 소량)
- **바늘** 코바늘 3/0호
- **모티브 크기** 지름 3.8cm

핀 쿠션

모티브 2장을 앞면이 겉으로 나오게
합쳐, 휘감아 잇기로 연결합니다.
안쪽에는 천을 네모나게 바느질하여
솜을 채운 쿠션을 넣어주세요.

- **모티브** 36쪽의 모티브를 사용
- **실** 울 병태사(흰색, 겨자색, 오렌지색, 녹색 각 소량)
- **바늘** 코바늘 5/0호
- **모티브 크기** 4.5×4.5cm

미니 케이스

모티브 4장을 연결해
주머니 모양으로 만들고
가장자리뜨기와 끈을 더해
작은 케이스를 완성했습니다.
립크림, 작은 음악 플레이어를
넣기에 딱 좋은 크기입니다.

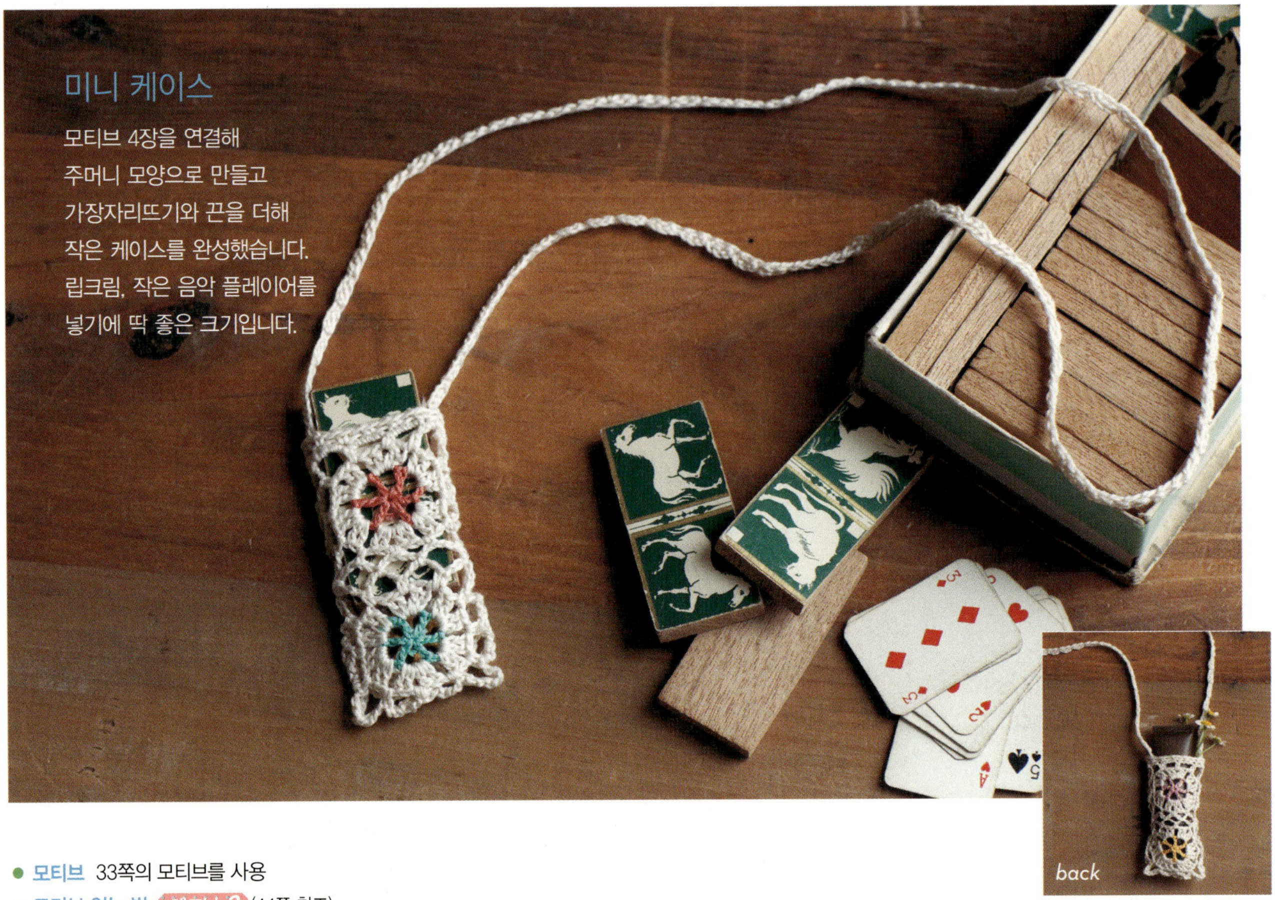

- **모티브** 33쪽의 모티브를 사용
- **모티브 잇는 법** 테크닉 3 (44쪽 참조)
- **실** 코튼 합세사(미색 5g, 오렌지색·녹색·노란색·핑크 각 소량)
- **바늘** 코바늘 3/0호
- **모티브 크기** 4×4㎝
- **완성 크기** 폭 4×깊이 8.5㎝ (끈 부분 제외)

미니 케이스

모티브의 배치와 잇는 순서

모티브의 배색

	1단	2·3단
d	오렌지색	미색
c	녹색	미색
b	핑크	미색
a	노란색	미색

끈

마무리하는 법

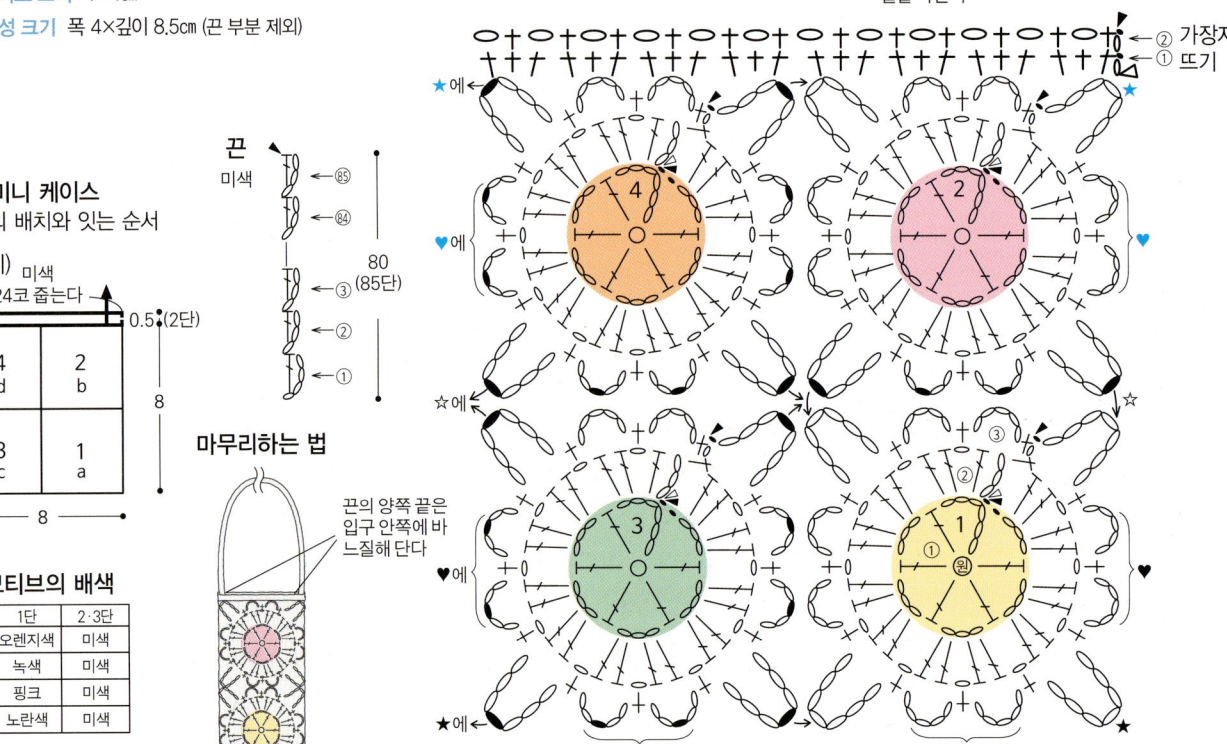

스마트폰 케이스

귀여운 모티브입니다.
하나의 모티브를 여러 장 떠서
연결하여 스마트폰 크기의
케이스를 만들었습니다.
손잡이에는 게고리를 달아 떼어낼 수
있게 만든 편리한 디자인입니다.

- **모티브** 37쪽의 모티브(1단만)를 사용
  ※ 손뜨개 끝의 긴뜨기를 사슬 2코로 바꾸어 뜬다.
- **모티브 잇는 법** 테크닉 1 (40쪽 참조)
- **실** 코튼 합세사(베이지 10g, 회갈색 6g, 핑크·파란색·연녹색·노란색 각 3g)
- **바늘** 코바늘 3/0호
- **모티브 크기** 지름 2cm
- **완성 크기** 폭 8×깊이 13cm(끈 부분 제외)

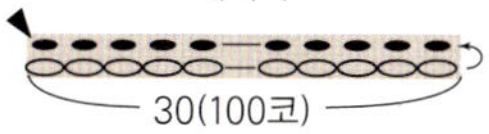

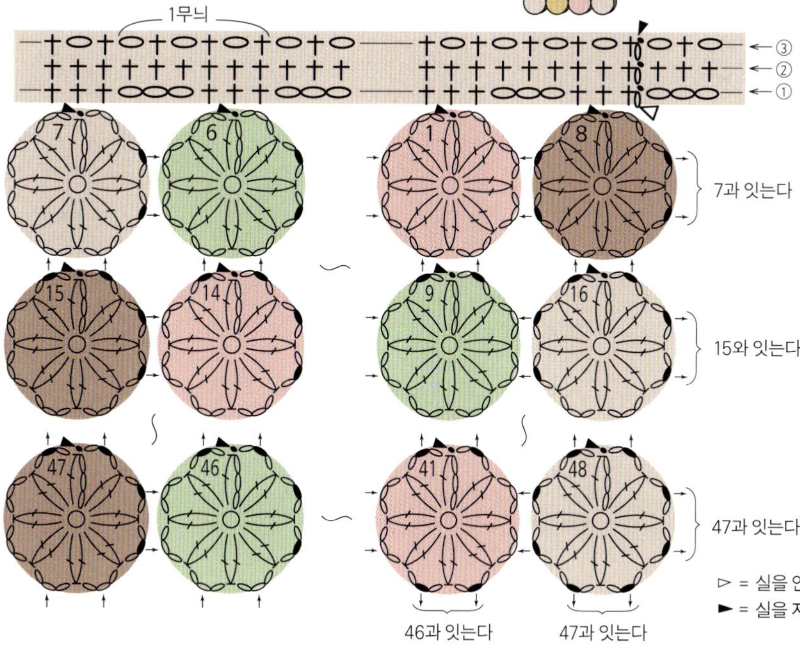

끈 베이지
30(100코)

마무리하는 법
미니 게고리의 O링 부분에 끈을 끼운다
끈은 반으로 접어 양쪽 끝을 입구 한쪽의 안쪽에 바느질해 붙인다
D링을 안쪽에 바느질해 단다

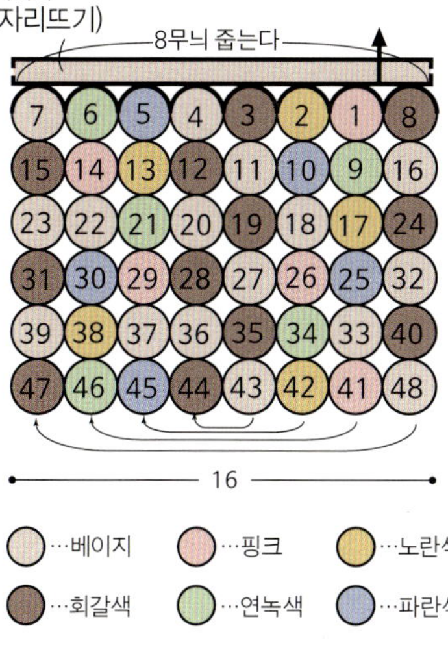

스마트폰 케이스
모티브의 배치와 잇는 순서

베이지
(가장자리뜨기)
8무늬 줍는다
1 (3단)
12
16

○ ... 베이지
● ... 회갈색
○ ... 핑크
○ ... 연녹색
○ ... 노란색
○ ... 파란색

1무늬
③ 가장자리
② 뜨기
①

7과 잇는다
15와 잇는다
47과 잇는다

46과 잇는다   47과 잇는다

▷ = 실을 연결한다
▶ = 실을 자른다

머그컵 커버

소박하고 따뜻한 색감이 멋스러워요.
8장을 잇고 무늬의 구멍에 끈을 꿰기만 하면 되니까 간단합니다.
크기를 바꾸고 싶을 때는
실과 바늘의 굵기를 조정하여 뜹니다.

- **모티브** 31쪽의 모티브를 사용
- **모티브 잇는 법** 테크닉 3 (44쪽 참조)의 응용
  ※바늘을 잠시 빼고, 연결할 모티브의 사슬 아래에서 바늘을 넣어 뺀다.
- **실** 울 병태사(오렌지색 7g, 노란색·녹색 각 6g)
- **바늘** 코바늘 5/0호
- **모티브 크기** 5.5×5.5cm
- **완성 크기** 둘레 22×깊이 11cm (끈 부분 제외)

모티브의 배색

	1단	2단	3단
c	오렌지색	녹색	노란색
b	노란색	오렌지색	녹색
a	녹색	노란색	오렌지색

끈
오렌지색
45(100코)

머그컵 커버
모티브의 배치와 잇는 순서

8 b	7 c	6 a	5 b
4 a	3 b	2 c	1 a

22 / 11

5가닥을 한번 묶는다 매듭
7cm의 실을 2가닥, 끈의 끝코에 통과시키고
손뜨개 시작(손뜨개 끝)의 1가닥을 합쳐서
한번 묶는다

마무리하는 법

끈은 그림을 참조하여 끼운다

▷ = 실을 연결한다
▶ = 실을 자른다

끈 끼우는 위치

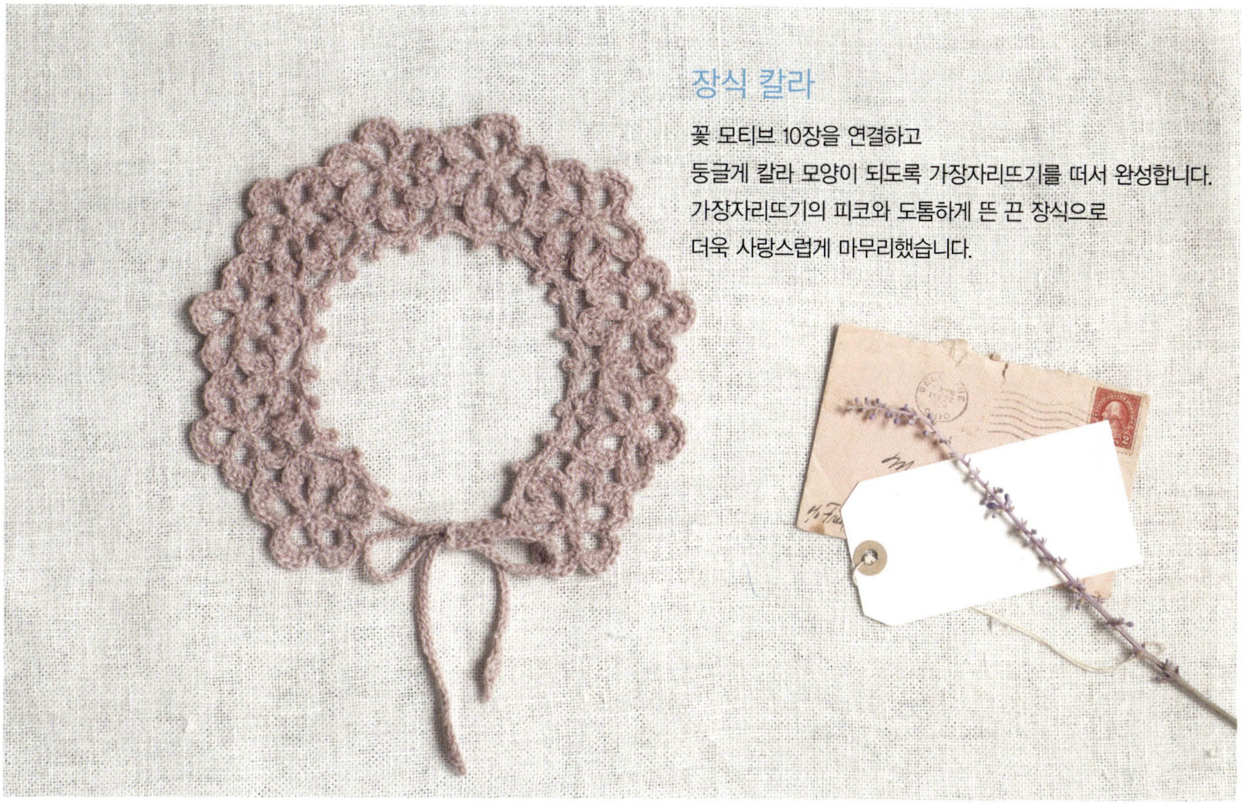

장식 칼라

꽃 모티브 10장을 연결하고
둥글게 칼라 모양이 되도록 가장자리뜨기를 떠서 완성합니다.
가장자리뜨기의 피코와 도톰하게 뜬 끈 장식으로
더욱 사랑스럽게 마무리했습니다.

- **모티브** 34쪽의 모티브를 사용
- **모티브 잇는 법** 테크닉 5 (48쪽 참조)
- **실** 울 & 나일론의 병태사(핑크 18g)
- **바늘** 코바늘 5/0호
- **모티브 크기** 지름 5㎝
- **완성 크기** 길이 약 50㎝ (끈 부분 제외)

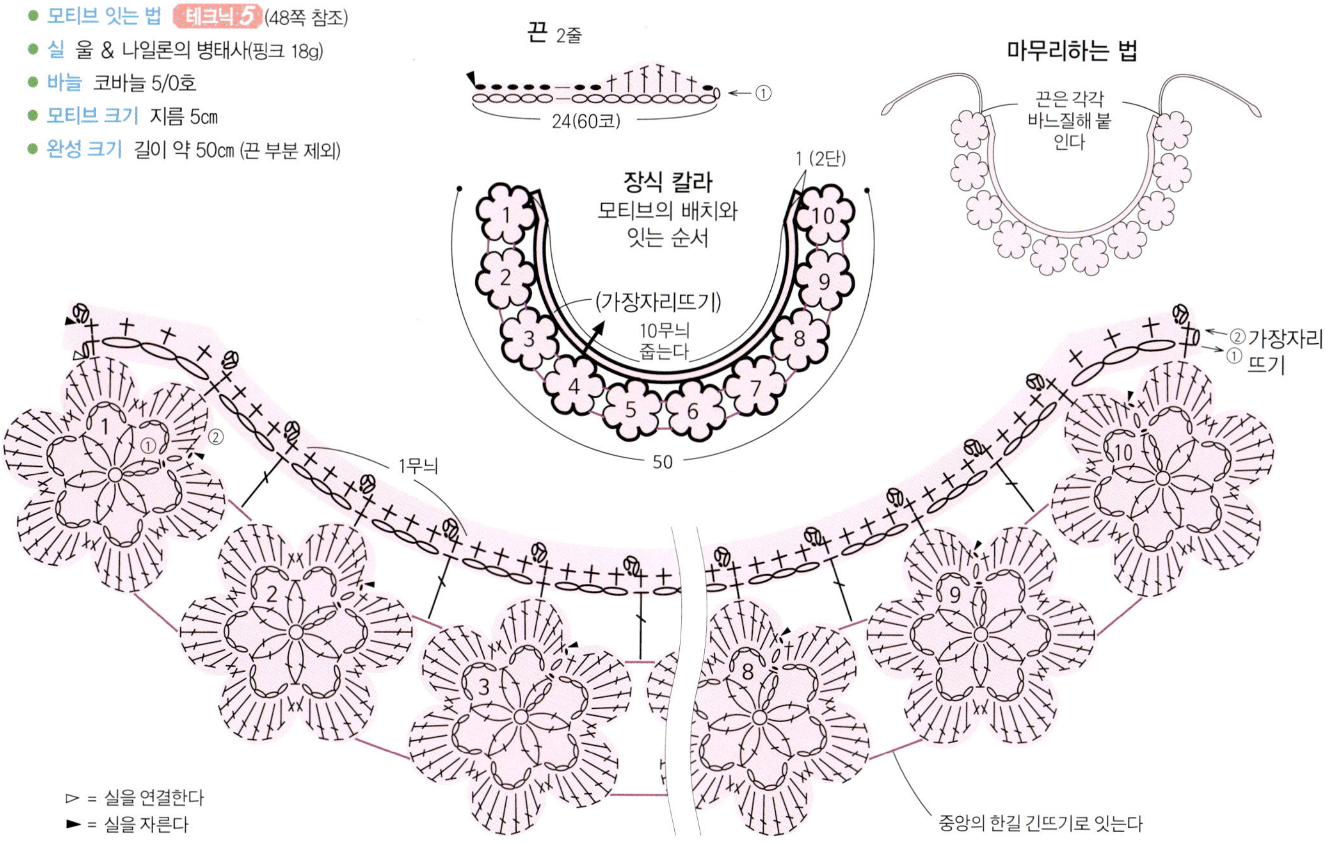

끈 2줄
①
24(60코)
장식 칼라
모티브의 배치와
잇는 순서
1 (2단)
1
2
3
4
5
6
7
8
9
10
(가장자리뜨기)
10무늬
줍는다
50
마무리하는 법
끈은 각각
바느질해 붙
인다
② 가장자리
① 뜨기
1무늬
①
②
중앙의 한길 긴뜨기로 잇는다
▷ = 실을 연결한다
► = 실을 자른다

북 커버

모티브 자체는 단색이지만
2가지 색을 번갈아 배열하면
생동감이 느껴지는
뜨개바탕이 됩니다.
접는 부분은
가장자리뜨기를 하면서
함께 떠서 만듭니다.

- **모티브** 33쪽의 모티브를 사용
- **모티브 잇는 법** 테크닉 3 (44쪽 참조)
- **실** 스팽글이 들어 있는 합세사(녹색 14g), 울 합세사(미색 22g)
- **바늘** 코바늘 3/0호
- **모티브 크기** 3.3×3.3cm
- **완성 크기** 23×17.5cm

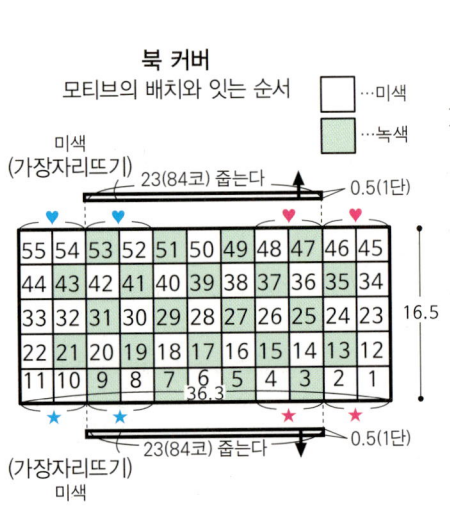

북 커버
모티브의 배치와 잇는 순서 ☐ …미색 ▨ …녹색

※ 같은 기호끼리 맞추어 앞면이 겉으로 나오게
접은 다음, 가장자리뜨기를 뜬다

▷ = 실을 연결한다
▶ = 실을 자른다

주머니

사각과 삼각, 두 종류의 모티브를 사용한 아이디어 주머니입니다.
먼저 본체의 모티브를 이은 다음 끈 통로를 만들고
가장자리뜨기의 3단에서 테두리 장식으로 삼각 모티브를 연결합니다.

- 모티브 37쪽의 모티브, 24쪽의 모티브(3단까지)를 사용
- 모티브 잇는 법 테크닉 8 (56쪽 참조)
- 실 울 병태사(파란색 24g, 핑크 22g, 연한 회갈색 16g)
- 바늘 코바늘 5/0호
- 기타 폭 약 5mm의 리본…105cm
- 모티브 크기 사각 모티브 5×5cm
- 완성 크기 둘레 40×깊이 11.5cm

삼각 모티브 연한 회갈색, 8장

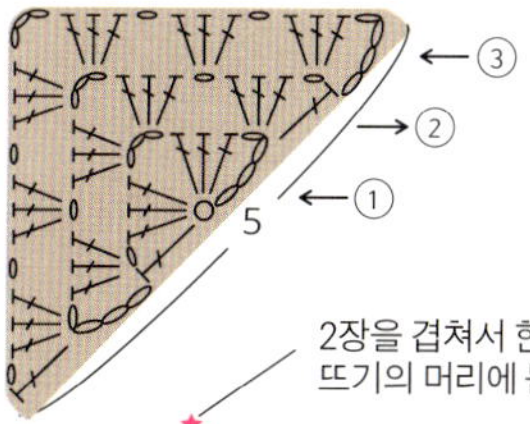

마무리하는 법

리본은 가장자리뜨기의 2단에 끼운다. 2중으로 끼우고, 양쪽 끝에서 끈을 뺀다

2장을 겹쳐서 한길 긴 뜨기의 머리에 붙인다

삼각 모티브는 가장자리뜨기의 3단을 뜰 때에 가장자리뜨기 2단에 겹친 상태로 떠서 잇는다

③ 가장
② 자리
① 뜨기

리본 끼우는 위치

▷ =실을 연결한다
► =실을 자른다

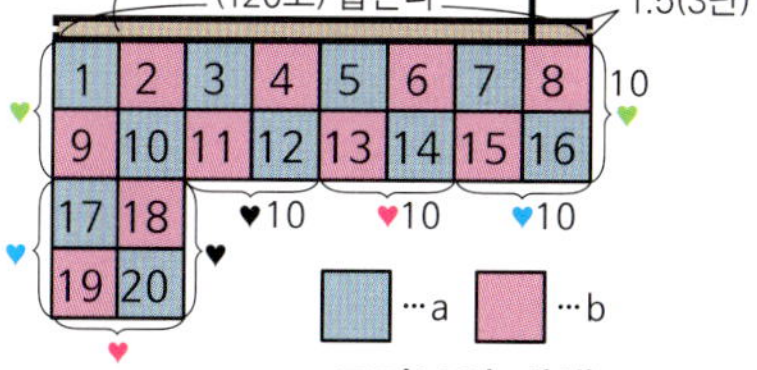

※ 맞붙임표를 맞추어 뜨면서 연결한다
※ 파란색 실로 잇는다

주머니
모티브의 배치와 잇는 순서
(가장자리뜨기) 연한 회갈색
(120코) 줍는다   1.5(3단)

■…a   ■…b

모티브의 배색

	1단	2·3단
b	파란색	핑크
a	핑크	파란색

모티브를 응용해서 떠보아요

지금까지 해온 것을 응용하면 복잡해 보이는 모티브나 큰 작품도 어렵지 않습니다.
여기에 나오는 것은 하나의 도안을 가지고 각각 작품 2점으로 만든 것입니다.
같은 모티브라도 실의 종류와 잇는 법, 배치 등을 다르게 하면 전혀 다른 느낌을 즐길 수 있습니다.

중심에 꽃이 핀 둥근 모티브로
디자인: 오카모토 마키코

무릎 덮개 How to 86쪽
커다란 마름모형의 무릎 덮개는
팝콘뜨기의 꽃이 선명하게 도드라지도록 배색합니다.
빼뜨기로 뜨면서 연결합니다.

마름모형의 큰 쪽 모서리를 접어 어깨에 걸치면 미니 솔도 활용할 수 있습니다.

쿠션 커버 *How to* 87쪽

2색의 실을 꼬아 만든 그라데이션 염색 실로 떴습니다.
뜨면서 이은 다음, 공간을 사슬뜨기와 짧은뜨기로 메웁니다.
마지막은 빙 둘러 가장자리뜨기를 떠서 완성합니다.

모티브를 응용해서 뜨기

숄 & 장식 칼라

섬세한 육각형 모티브로
디자인: 가제코보

숄 How to **88쪽**

가벼운 모헤어 실을 사용한 사다리꼴의 숄입니다.
모헤어처럼 털이 긴 실은
잘못 뜨면 풀어내기가 조금 힘듭니다.
서두르지 말고 천천히 떠주세요.

장식 칼라   *How to* 89쪽

코튼 실로 뜨고, 빼뜨기로 뜨면서 이었습니다.
그대로 써도 물론 좋지만
목에 닿는 부분을 접어서 사용하는 방법도 추천합니다.

 늘어놓는 재미가 있는
삼각형 모티브로

디자인: 시바타 준

도일리 How to 90쪽

12장의 모티브를 뜨면서 이어
별 모양으로 만든 도일리입니다.
조금 가는 실로 떴더니
크로셰 레이스처럼 섬세하게 완성되었습니다.

모자 How to 91쪽

트위드 실을 사용한 배색 모티브로 모자를 만들었습니다.
모두 뜬 다음 휘감아 잇기로 연결했습니다.
둘레는 짧은뜨기입니다.

액세서리 감각의 꽃
모티브로

디자인: 가와이 마유미

꽃 머플러  92쪽

보송보송한 루프 안으로 뜨는 귀여운 머플러.
그레이와 화이트 색을 사용하여 조금 어른스러운 이미지입니다.
꽃잎 끝을 한길 긴뜨기로 뜨면서 잇습니다.

제작: 호리구치 미유키

래리어트 *How to* 93쪽

레이스 실로 뜨는 봄의 래리어트는
파스텔 색상의 조합이 제격입니다.
줄기와 잎이 돋보이는 끈 부분은 사슬뜨기와 한길 긴뜨기로 뜹니다.

제작: 호리구치 미유키

구슬뜨기가 귀여운
사각형 모티브로

디자인: 요코야마 준코

가방　How to 95쪽

화려한 색감을 지닌 그라데이션 실을 조합하여
만든 경쾌한 느낌의 가방입니다.
모티브를 다 뜨고 나서 휘감아 잇기를 했습니다.
옆면과 바닥, 손잡이는 전부 짧은뜨기입니다.

미니 블랭킷

How to 94쪽

연한 핑크와 베이지 색상의 가벼운 루프 얀으로 떴습니다.
핑크 모티브를 먼저 이은 다음
베이지 모티브를 뜨면서 연결합니다.

모티브를 응용해서 뜨기 | 머플러 & 조리개 가방

꽃무늬가 들어간 사각형 모티브로

디자인: Sachiyo*Fukao

머플러

How to 97쪽

꼬임이 적은 실로 뜨고
빼뜨기로 이었습니다.
새하얀 머플러는
아우터가 단조로워지기 쉬운
겨울철 코디에 좋습니다.

제작: *미우*

조리개 가방

How to 98쪽

라메사가 들어간 실은 차분한 색을 고르면
클래식한 인상을 줍니다.
바닥은 한길 긴뜨기와 짧은뜨기로 둥글게 떴습니다.

제작: *미우*

입체감 있는 꽃 모티브로

디자인: 요코야마 가요미

납작 가방 How to 100쪽

해바라기처럼 배색한 가방은
모티브를 1단 적게 뜨고
5단에서 빼뜨기로 연결합니다.
가방 입구를 가장자리뜨기로 정돈하고
가죽 손잡이를 답니다.

삼각 숄　How to 102쪽

모티브를 뜨면서 연결하고, 그 다음에 공간을 메웠습니다.
가방과 같은 모티브이지만 중심의 크로스를
45도 회전시켜서 잇는 것이 포인트입니다.

72쪽 무릎 덮개

- **실** 병태사 종류의 스트레이트[올림푸스 프레미오 갈색(20) 200g, 겨자색(10)·와인컬러(17) 각 40g, 메이크메이크 코코트 베이지(409) 60g]
- **바늘** 코바늘 6/0호
- **모티브 크기** 지름 11cm
- **완성 크기** 긴 변 117× 짧은 변 71cm
- **모티브 잇기 테크닉**
  - 테크닉 1 빼뜨기로 뜨면서 잇기 (40쪽 참조)
- **뜨기 포인트**

가장자리뜨기의 시작은 모티브 마지막 단의 사슬 공간에 빼뜨기를 해서 실을 연결하고, 기둥코인 사슬 1코와 짧은뜨기를 뜹니다. 손뜨개 시작의 위치로 정해진 곳은 없습니다.

모티브의 배치와 잇는 순서

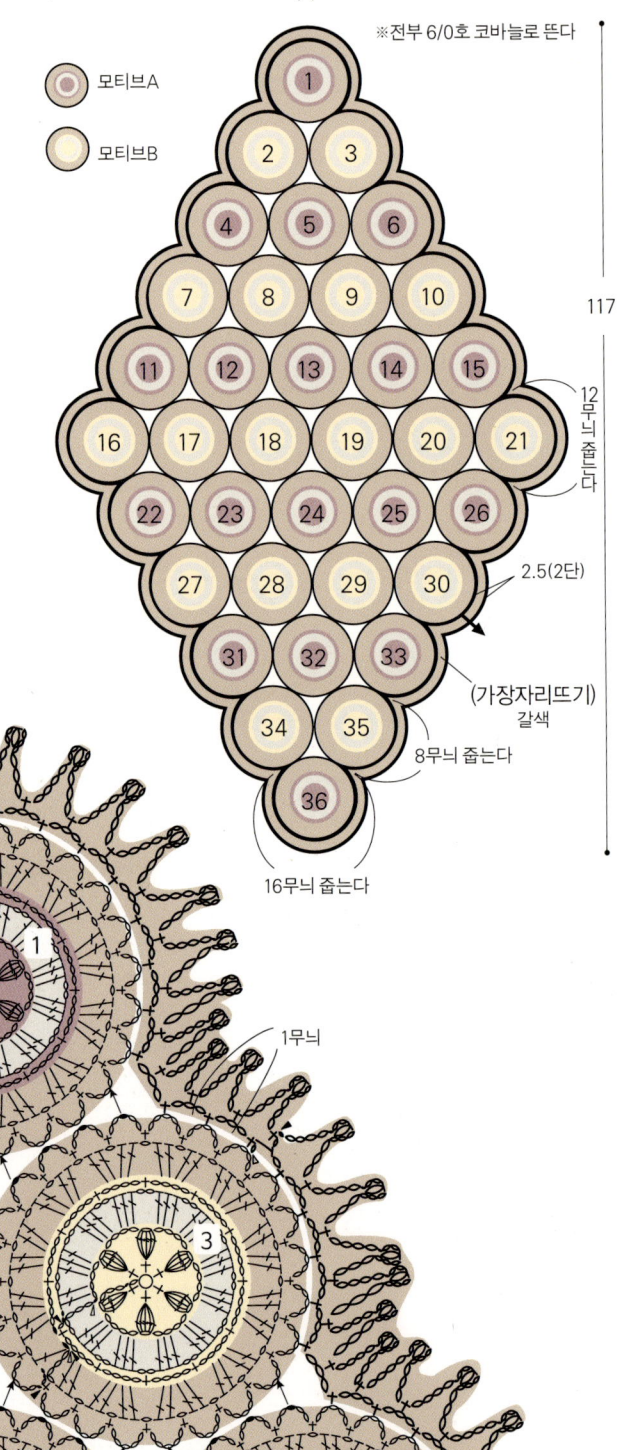

모티브 잇는 법과 가장자리뜨기 하는 법

모티브의 배색

	A (18장)	B (18장)
6단	갈색	갈색
5단	갈색	갈색
4단	와인컬러	겨자색
3단	베이지	베이지
2단	와인컬러	겨자색
1단	와인컬러	겨자색

▷ = 실을 연결한다
▶ = 실을 자른다

73쪽 쿠션 커버

- **실** 병태사 종류의 그라데이션 믹스(1볼 40g·길이 약 127m) 하늘색 계열 170g
- **바늘** 코바늘 6/0호
- **기타** 쿠션 솜(45×45cm)
- **모티브 크기** 지름 10cm
- **완성 크기** 세로 35×가로 35×두께 약 15cm (가장자리뜨기 제외)
- **모티브 잇기 테크닉**
  테크닉 11 연결 후 공간을 메우는 방법 (62쪽 참조)
- **뜨기 포인트**

가장자리뜨기는 2장의 모티브 연결을, 앞면이 겉으로 나오게 겹쳐서 뜹니다. 2장에 함께 코바늘을 다발에 넣고 실을 이어서 뜨개질을 시작합니다. 1단은 사슬뜨기와 짧은뜨기의 반복인데 한길 긴 2코 모아뜨기의 부분은 2장을 한꺼번에 뜨지 않고, 각각의 모티브 연결에 미완성 한길 긴뜨기를 1코씩 떠서 모읍니다.

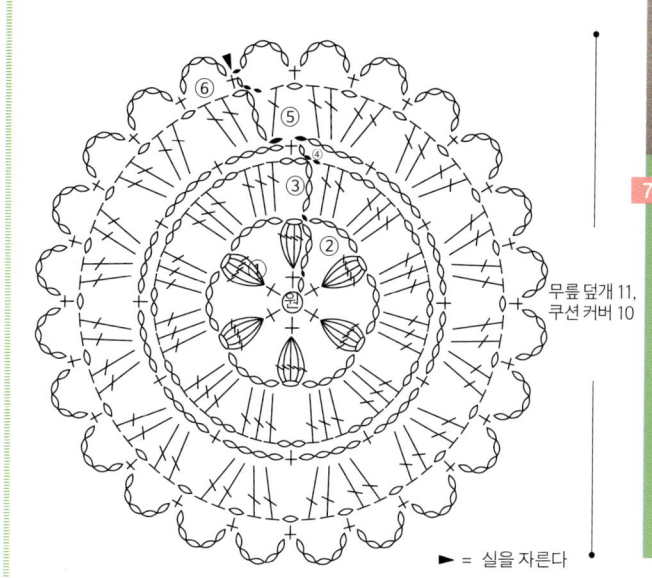

무릎 덮개 11, 쿠션 커버 10

▶ = 실을 자른다

72·73쪽에 있는 모티브(공통)

- 손뜨개 시작은 '손가락에 실을 감아 원을 만드는 방법'(12쪽 참조)으로 합니다.
- 2단의 한길 긴 5코 팝콘뜨기는 1단의 짧은뜨기 머리에 뜹니다. 103쪽 '모티브 뜨기 포인트'에 설명이 있습니다.
- 4단은 사슬 4코와 짧은뜨기를 반복합니다.

모티브 잇는 법과 가장자리뜨기 하는 법

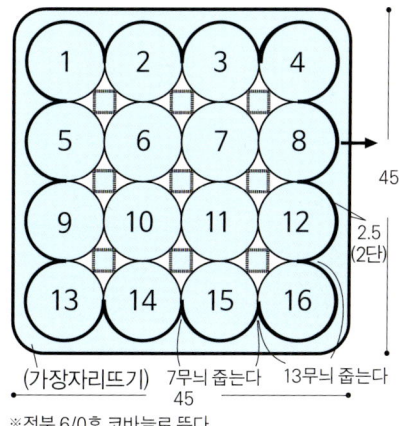

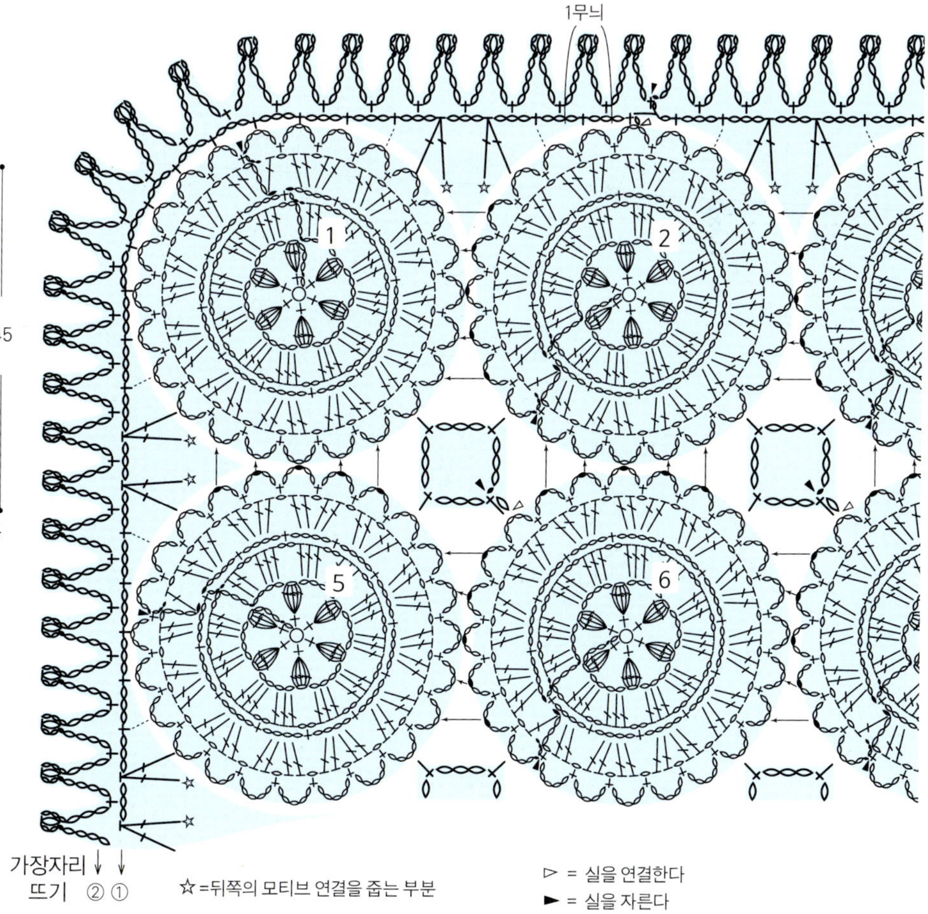

모티브의 배치와 잇는 순서

(가장자리뜨기) 45
7무늬 줍는다 13무늬 줍는다

※전부 6/0호 코바늘로 뜬다

가장자리뜨기 (공통)

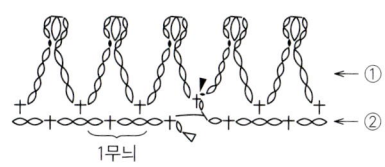

1무늬
← ①
← ②

*쿠션 커버의 가장자리뜨기 1단은 각 모티브의 코줍기 시작과 코줍기 끝의 1코씩에, 짧은뜨기 대신에 한길 긴 2코 모아뜨기를 뜹니다.

가장자리 뜨기 ② ①

☆ = 뒤쪽의 모티브 연결을 줍는 부분
▷ = 실을 연결한다
▶ = 실을 자른다

모티브를 응용해서 뜨기 / 숄 & 장식 칼라 뜨는 법

74·75쪽에 있는 모티브(공통)

- 손뜨개 시작은 '사슬뜨기로 원을 만드는 방법'(16쪽 참조)으로 합니다.
- 2단의 끝은 기둥코인 사슬의 세 번째 코의 반코와 코산에 빼뜨기합니다.
- 3단의 끝은 사슬 2코 다음의 한길 긴뜨기 머리에 빼뜨기합니다.

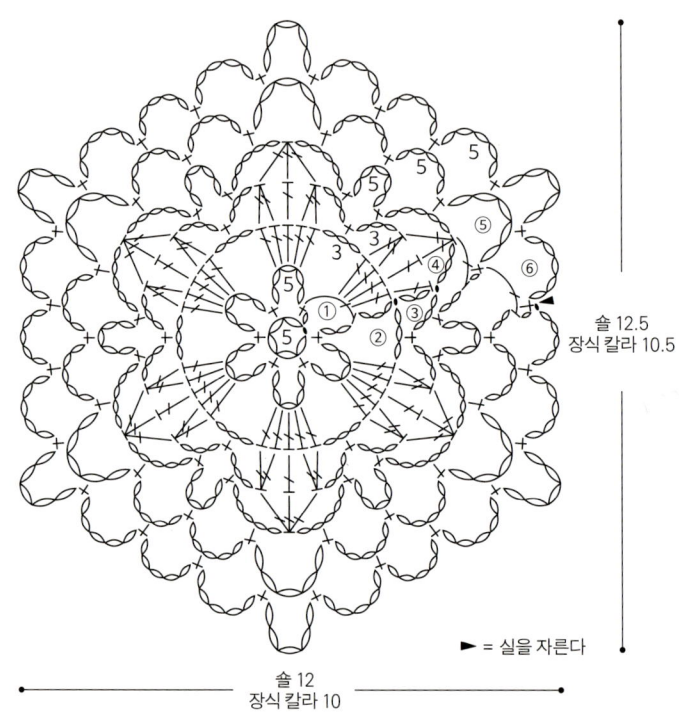

숄 12.5
장식 칼라 10.5

▶ = 실을 자른다

숄 12
장식 칼라 10

74쪽 숄

- **실** 병태사 종류의 모헤어[다이아몬드 털실 다이아모헤어 '알파카' 그레이 베이지(702) 180g]
- **바늘** 코바늘 5/0호
- **모티브 크기** 12.5×12cm
- **완성 크기** 세로 50.5×가로 146(짧은 변 98)cm

- **모티브 잇기 테크닉**
- **테크닉 3** 빼뜨기로 한곳에 여러 장의 모티브를 뜨면서 잇기 (44쪽 참조)
- **뜨기 포인트**

가장자리뜨기의 시작은 모티브 마지막 단의 사슬 산에 빼뜨기를 해서 실을 연결하고, 기둥코인 사슬 1코와 짧은뜨기를 뜹니다. 손뜨개 시작의 위치로 정해진 곳은 없습니다.

모티브의 배치와 잇는 순서

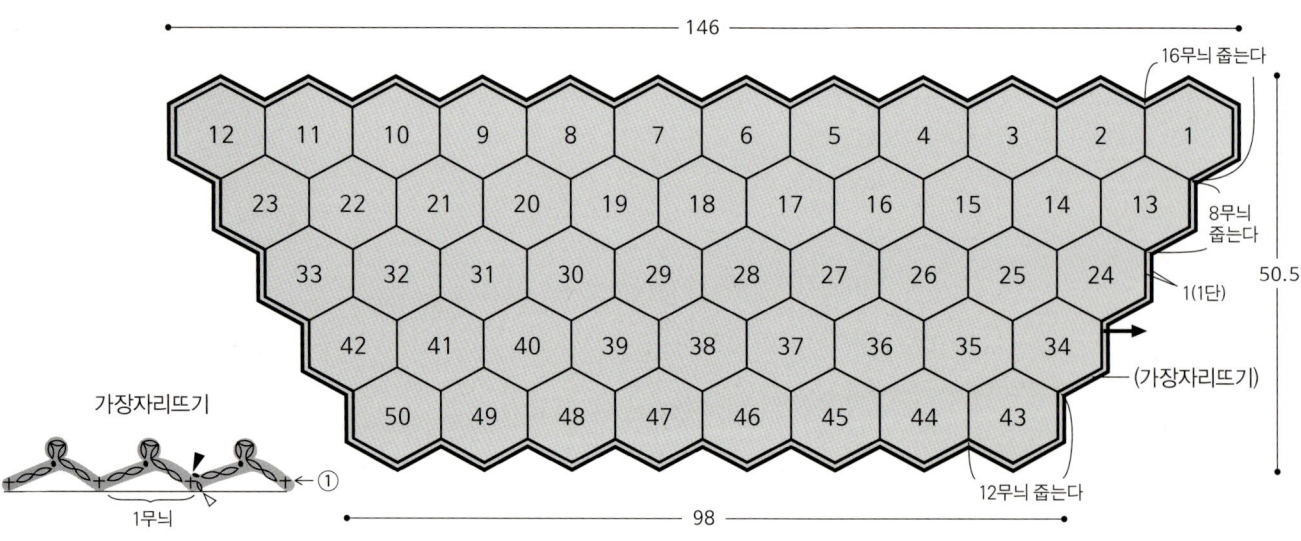

※ 전부 5/0호 코바늘로 뜬다

75쪽 장식 칼라

- **실** 중세사 종류의 스트레이트[하마나카 폼 크로셰 '초목염색' 벽돌색(75) 45g]
- **바늘** 코바늘 3/0호
- **모티브 크기** 10.5×10cm
- **완성 크기** 세로 17.5× 가로 70(짧은 변 60)cm
- **모티브 잇기 테크닉**
- **테크닉 3** 빼뜨기로 한곳에 여러 장의 모티브를 뜨면서 잇기 (44쪽 참조)

모티브의 배치와 잇는 순서

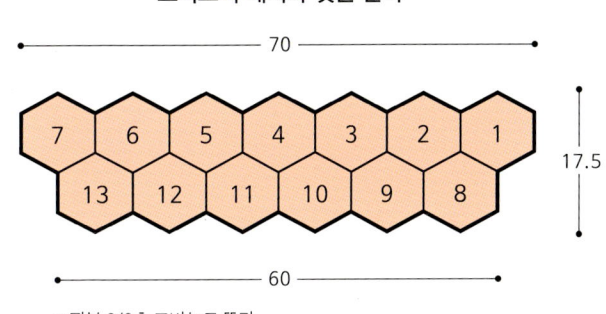

※ 전부 3/0호 코바늘로 뜬다

모티브 잇는 법(공통)과 가장자리뜨기(솔) 하는 법

▷ = 실을 연결한다
▶ = 실을 자른다

76·77쪽에 있는 모티브(공통)

- 손뜨개 시작은 '손가락에 실을 감아 원을 만드는 방법'(12쪽 참조)으로 합니다.
- 1단은 기초코의 원 안에 짧은뜨기와 한길 긴 3코 구슬뜨기 코를 뜹니다.
- 3단의 한길 긴뜨기 각 3코는 삼각형의 꼭짓점은 사슬을 다발로 줍고, 변은 짧은뜨기와 짧은뜨기의 사이에 코바늘을 푹 넣어서 뜹니다.
- 103쪽 뜨기 포인트에 과정 설명이 있습니다.

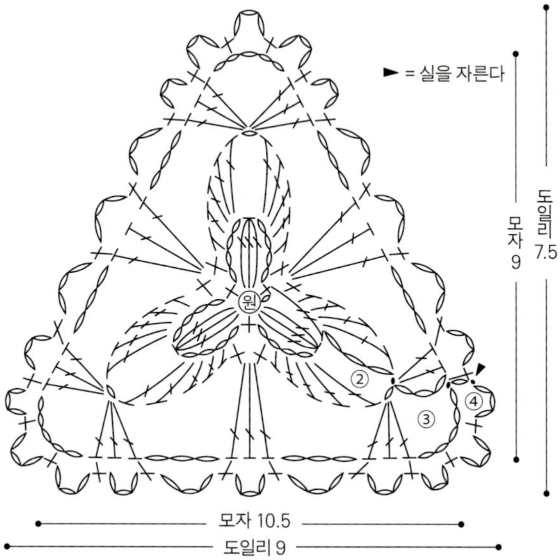

※ 모자는 3단까지, 도일리는 4단까지 뜬다

► = 실을 자른다

모자 9 / 도일리 7.5
모자 10.5 / 도일리 9

76쪽 도일리

- **실** 중세사 종류의 스트레이트[하마나카 플랙스C 베이지(2) 25g]
- **바늘** 코바늘 3/0호
- **모티브 크기** 밑변 9×높이 7.5㎝
- **완성 크기** 긴 변 30×짧은 변 27㎝
- **모티브 잇기 테크닉**
- **테크닉 3** 빼뜨기로 한곳에 여러 장의 모티브를 뜨면서 잇기(44쪽 참조)

모티브의 배치와 잇는 순서

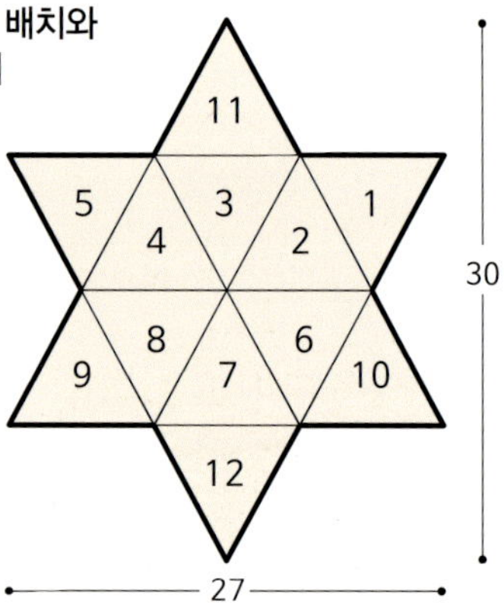

※ 전부 3/0호 코바늘로 뜬다   ► = 실을 자른다

모티브 잇는 법

77쪽 모자

- **실** 중세사 종류의 트위드[하마나카 트위드바자 고동색 (6) 30g, 베이지(5) 20g, 카키색(13) 10g]
- **바늘** 코바늘 6/0호
- **모티브 크기** 밑변 10.5×높이 9cm
- **완성 크기** 머리 둘레 52.5×깊이 23.5cm
- **모티브 잇기 테크닉**
  [테크닉 9] 반코를 휘감아 잇기(58쪽 참조)
- **뜨기 포인트**

모티브를 이을 때의 순서를 궁리해봅니다. 오른쪽 그림에 쓰여 있는 숫자대로 연결하면 우선 아래쪽 반, 다음에 위쪽 반, 마지막에 그것을 합쳐서 완성하는 순서입니다.

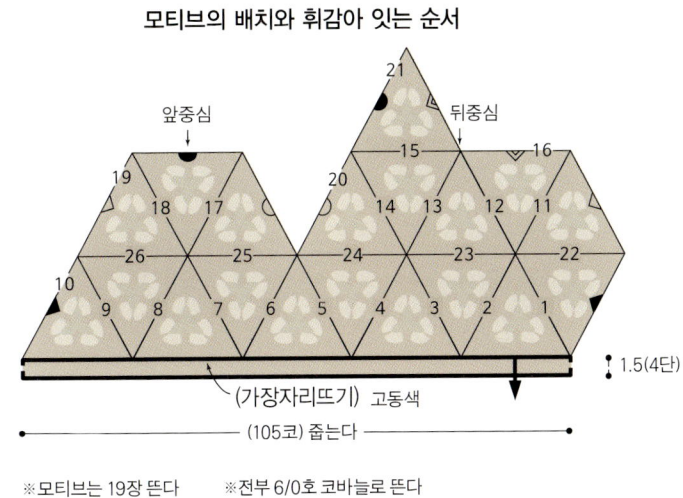

모티브의 배치와 휘감아 잇는 순서

※모티브는 19장 뜬다   ※전부 6/0호 코바늘로 뜬다

모티브 잇는 법과 가장자리뜨기의 코 줍는 법

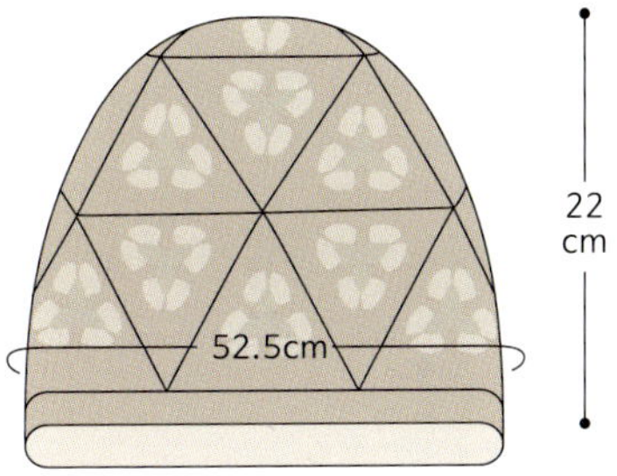

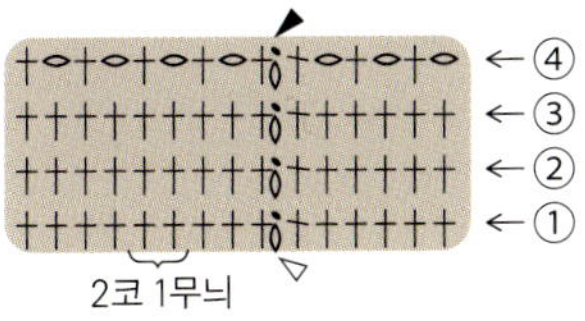

▷ = 실을 연결한다
▶ = 실을 자른다

가장자리뜨기 고동색
2코 1무늬

모티브의 배색

3단	고동색
2단	베이지
1단	카키색

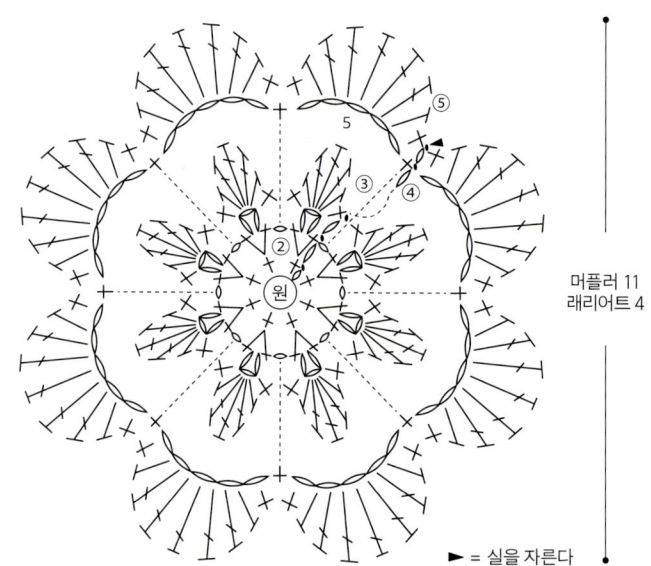

78·79쪽에 있는 모티브(공통)
- 손뜨개 시작은 '손가락에 실을 감아 원을 만드는 방법'(12쪽 참조)으로 합니다.
- 103, 104쪽에 뜨는 법 포인트의 과정 설명이 있습니다.

머플러 11
래리어트 4

▶ = 실을 자른다

78쪽 꽃 머플러

- 실 극태사 종류의 루프[하마나카 에토프 그레이(2) 55g, 흰색(1) 30g]
- 바늘 코바늘 8/0호
- 모티브 크기 지름 11cm
- 완성 크기 폭 11×길이 132cm
- 모티브 잇기 테크닉

테크닉 5 한길 긴뜨기로 뜨면서 잇기 (48쪽 참조)

모티브의 배색

5단	그레이
4단	그레이
3단	흰색
2단	그레이
1단	흰색

모티브 잇는 법(공통)

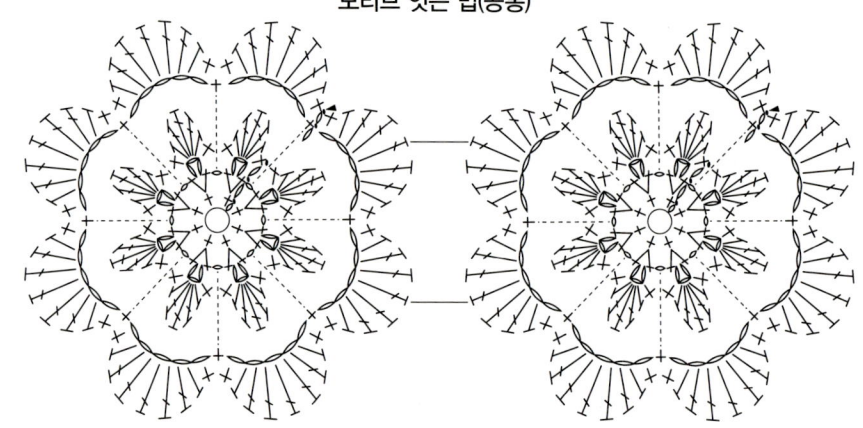

모티브의 배치

132(12장)

11

※전부 8/0호 코바늘로 뜬다

79쪽 래리어트

- **실** 합세사 종류의 스트레이트[올림푸스 에미그란데 '허브스' 핑크(118)·베이지(732) 각 20g, 그린(252) 10g]
- **바늘** 레이스 바늘 0호
- **모티브 크기** 지름 4cm
- **완성 크기** 폭 4×길이 154cm
- **모티브 잇기 테크닉**

  테크닉 5 한길 긴뜨기로 코바늘을 잠시 빼고 뜨면서 잇기(48쪽 참조)
- **뜨기 포인트**

끈과 모티브를 따로따로 떠서 나중에 바느질해서 붙입니다. 바느질해 붙일 때는 끈과 색깔이 같은 계열의 바느질 실을 사용하면 좋습니다.

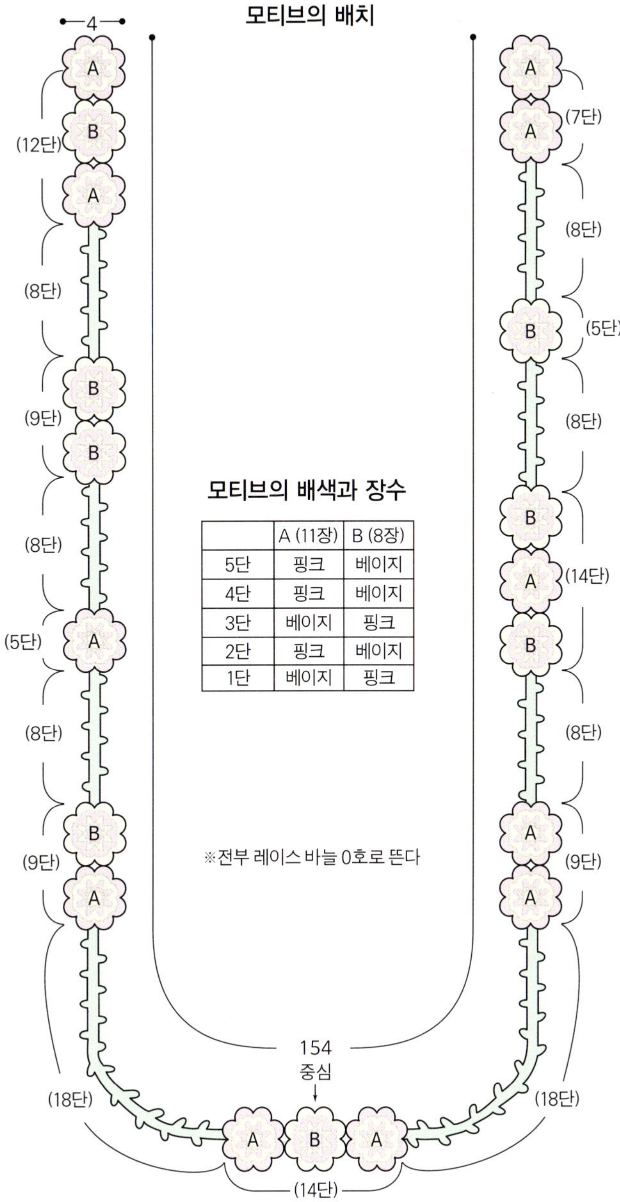

모티브의 배색과 장수

	A (11장)	B (8장)
5단	핑크	베이지
4단	핑크	베이지
3단	베이지	핑크
2단	핑크	베이지
1단	베이지	핑크

※전부 레이스 바늘 0호로 뜨다

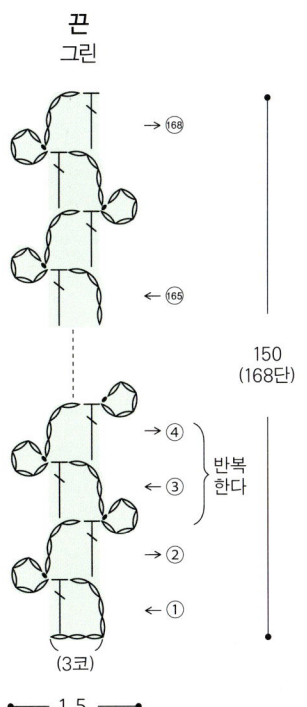

끈 그린

81쪽 미니 블랭킷

- **실** 극태사 종류의 루프(1볼 40g·길이 약 110m) 핑크 계열 80g, 베이지 계열 40g
- **바늘** 코바늘 7/0호
- **모티브 크기** 11×11cm
- **완성 크기** 긴 변 77.5×짧은 변 46.5cm
- **모티브 잇기 테크닉**

테크닉 5 한길 긴뜨기로 코바늘을 잠시 빼고 뜨면서 잇기(48쪽 참조)를 응용합니다.
짧은뜨기로 뜨면서 연결합니다. 여러 장을 잇는 부분은 코바늘을 잠시 빼고, 2번 모티브를 1번에 연결한 짧은뜨기의 머리 2가닥에 코바늘을 넣고, 조금 전의 코를 빼서 잇습니다.

모티브의 배치와 잇는 순서

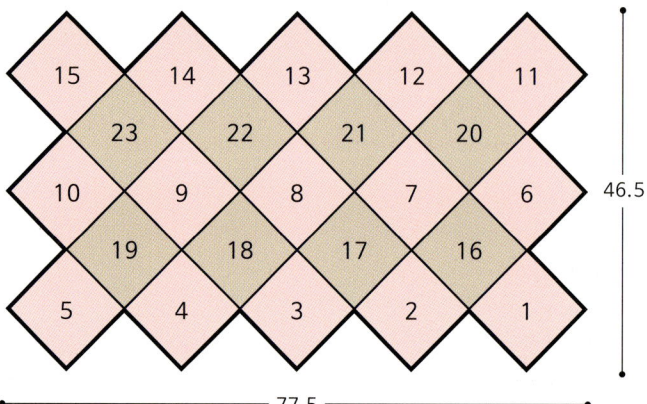

※전부 7/0호 코바늘로 뜬다

— = 먼저 연결한다(핑크 모티브)
— = 연결이 끝난 핑크 모티브를 사이에 두고, 뜨면서 잇는다
→ = 핑크 모티브끼리 연결한 코에다가 베이지 모티브의 코를 빼서 잇는다

모티브 잇는 법

▶ = 실을 자른다

80쪽 가방

- **실** 극태사 종류의 그라데이션 믹스[올림푸스 플뢰르 오렌지 계열(4) 95g, 블루 계열(3) 40g]
- **바늘** 코바늘 6/0호
- **모티브 크기** 9×9cm
- **완성 크기** 가로 27×세로 18×옆면 5cm
- **모티브 잇기 테크닉**
- **테크닉 9** 반코를 휘감아 잇기(58쪽 참조)
- **뜨기 포인트**

모티브 연결, 옆면·바닥, 손잡이는 각각 따로 따로 뜹니다.

모티브 연결과 옆면·바닥의 잇는 법은 모티브 잇기 테크닉 7(54쪽 참조)을 응용합니다. 모티브를 앞에, 옆면·바닥을 뒤쪽에 두고 겉이 바깥으로 나오게 겹쳐, 반코가 아니라 전코(머리의 실 2가닥)를 주우면서 짧은뜨기를 뜹니다.

옆면·바닥을 연결했으면 입구를 뜨고, 마지막으로 손잡이를 같은 계열 색상의 중세사 또는 바느질 실을 사용하여 꿰매어 붙입니다.

80·81쪽에 있는 모티브(공통)

- 손뜨개는 '사슬뜨기로 원을 만드는 방법'(16쪽 참조)으로 시작합니다.
- 모서리의 긴 3코 구슬뜨기 코는, 2단은 짧은뜨기 1코에 2코씩 뜨고, 3단부터는 다발에 뜹니다.
- 5단의 짧은뜨기는, 한길 긴뜨기와 긴 3코 구슬뜨기 코의 위는 코에 뜨고, 그 외는 다발에 뜹니다.

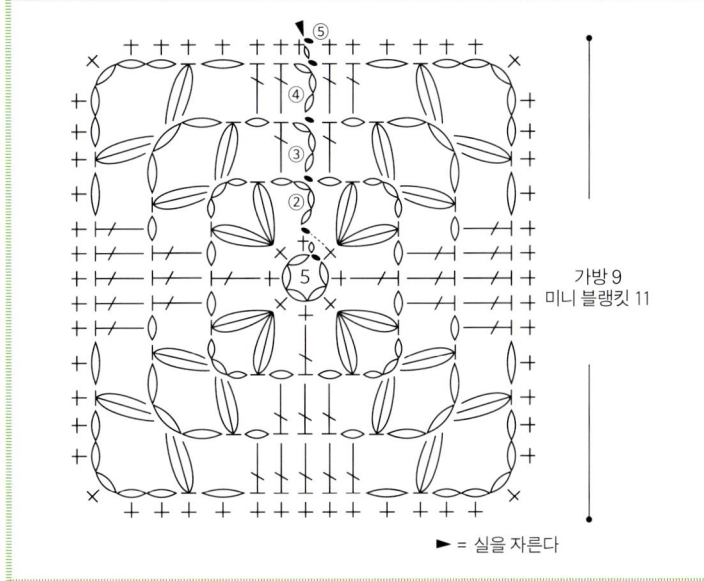

가방 9
미니 블랭킷 11

▶ = 실을 자른다

모티브 잇는 법 (2장)

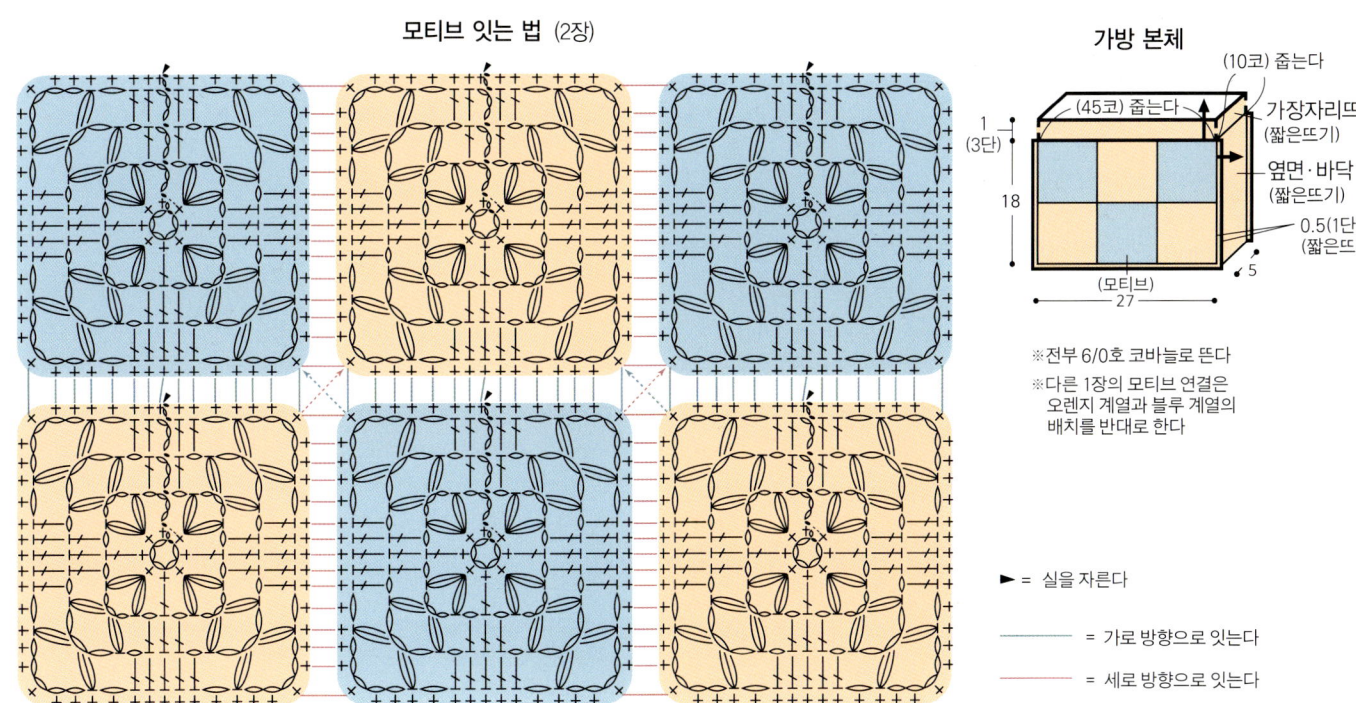

가방 본체

※전부 6/0호 코바늘로 뜬다
※다른 1장의 모티브 연결은 오렌지 계열과 블루 계열의 배치를 반대로 한다

▶ = 실을 자른다

─── = 가로 방향으로 잇는다
─── = 세로 방향으로 잇는다

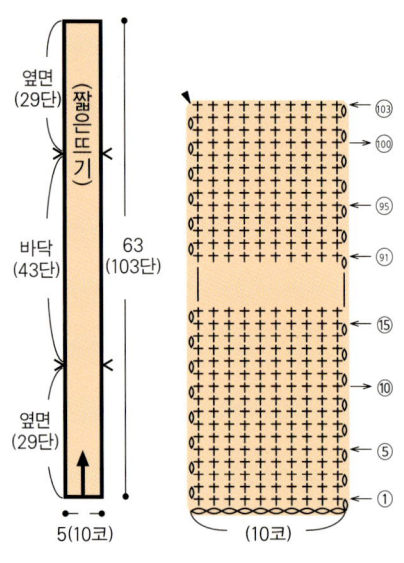

머플러 (82쪽)

- **실** 병태사 종류의 스트레이트[다루마 원 모에 가까운 메리노울 미색(1) 115g]
- **바늘** 코바늘 7.5/0호
- **모티브 크기** 10.5×10.5cm
- **완성 크기** 폭 21×길이 136.5cm
- **모티브 잇기 테크닉**
- **테크닉 3** 빼뜨기로 한곳에 여러 장의 모티브를 뜨면서 잇기(44쪽 참조)

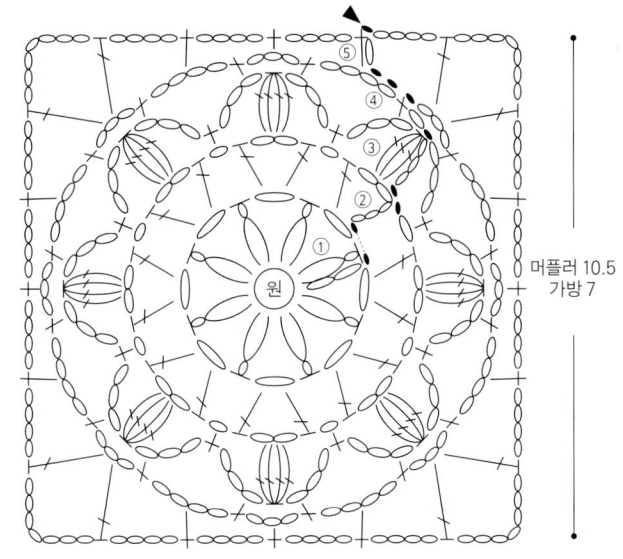

머플러 10.5
가방 7

▶ = 실을 자른다

82·83쪽에 있는 모티브(공통)

- 손뜨개 시작은 '손가락에 실을 감아 원을 만드는 방법'(12쪽 참조)으로 합니다.
- 1단 끝은 '긴 2코 변형 구슬뜨기'의 머리에 빼뜨기합니다.
- 3단의 한길 긴 4코 구슬뜨기는 2단의 사슬을 다발로 주워서 뜹니다.
- 3단 끝은 구슬뜨기의 머리에 빼뜨기합니다.

모티브 잇는 법

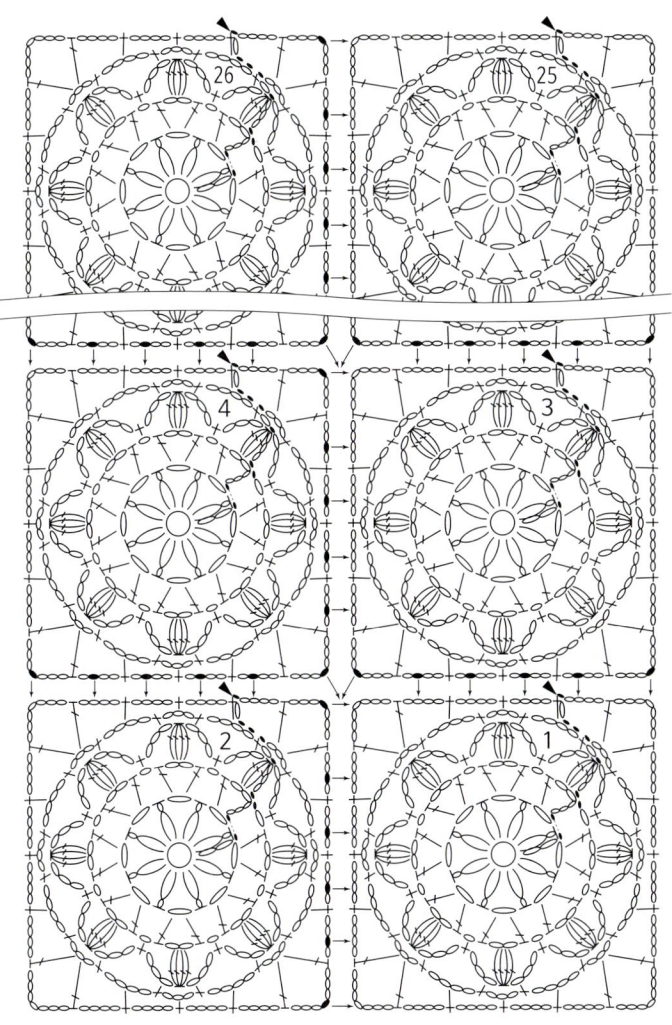

머플러
모티브의 배치와 잇는 순서

26	25
24	23
22	21
20	19
18	17
16	15
14	13
12	11
10	9
8	7
6	5
4	3
2	1

136.5

← 21 →

83쪽 조리개 가방

- **실** 합태사 종류의 스트레이트[올림푸스 실키 그레이스 블루 계열 ⑤ 60g]
- **바늘** 코바늘 4/0호
- **모티브 크기** 7×7cm
- **완성 크기** 가로 21×세로 20cm
- **모티브 잇기 테크닉**
- **테크닉 3** 빼뜨기로 한곳에 여러 장의 모티브를 뜨면서 잇기(44쪽 참조)
- **뜨기 포인트** 가장자리뜨기B는 옆면의 ★과 바닥의 ★을 앞이 겉으로 나오게 겹쳐, 옆면 쪽에서 본 상태로 뜹니다. 손잡이, 끈, 장식은 그림을 참조하여 각각 뜨고, 가방의 옆면에 바느질해 붙입니다.

가방
모티브의 배치와 잇는 순서

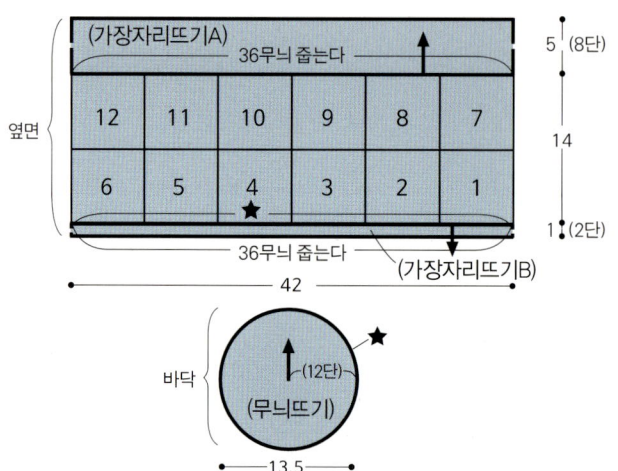

※가장자리뜨기B는 옆면(★)과 바닥(★)을 앞이 겉으로 나오게 겹쳐, 옆면 쪽에서 본 상태로 뜬다

마무리하는 법

- 손잡이는 바깥쪽에 바느질해 붙인다
- 끈은 가장자리뜨기A의 2단에 끼운다
- 앞뒤 중심은 2무늬분을 띄워서 끈을 끼운다
- 끈의 양쪽 끝에 장식을 꿰매어 붙인다

무늬뜨기(바닥)

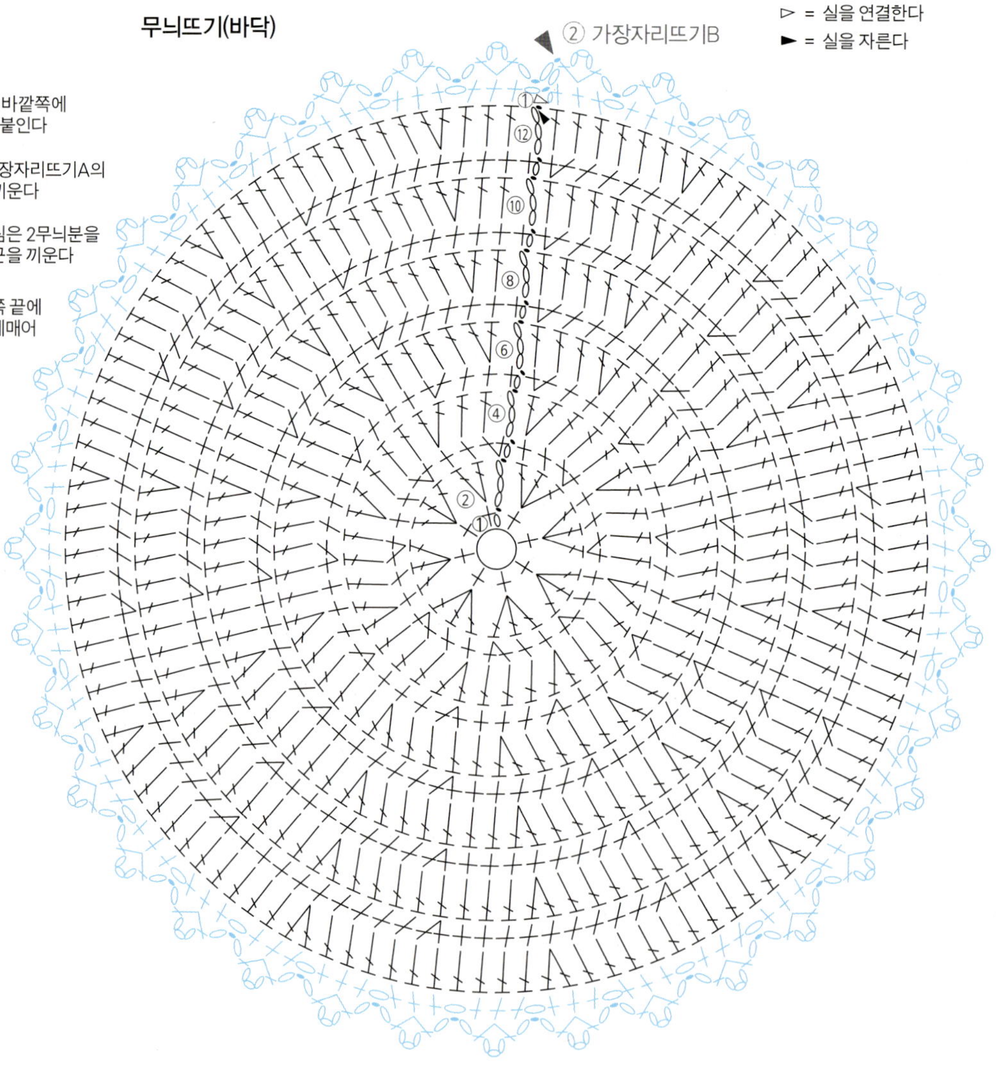

▷ = 실을 연결한다
▶ = 실을 자른다
② 가장자리뜨기B

바닥의 콧수표

단	콧수	
12단	120코	(+10코)
11단	110코	(+10코)
10단	100코	(+10코)
9단	90코	(+10코)
8단	80코	(+10코)
7단	70코	(+10코)
6단	60코	(+10코)
5단	50코	(+10코)
4단	40코	(+8코)
3단	32코	(+8코)
2단	24코	(+16코)
1단	8코	

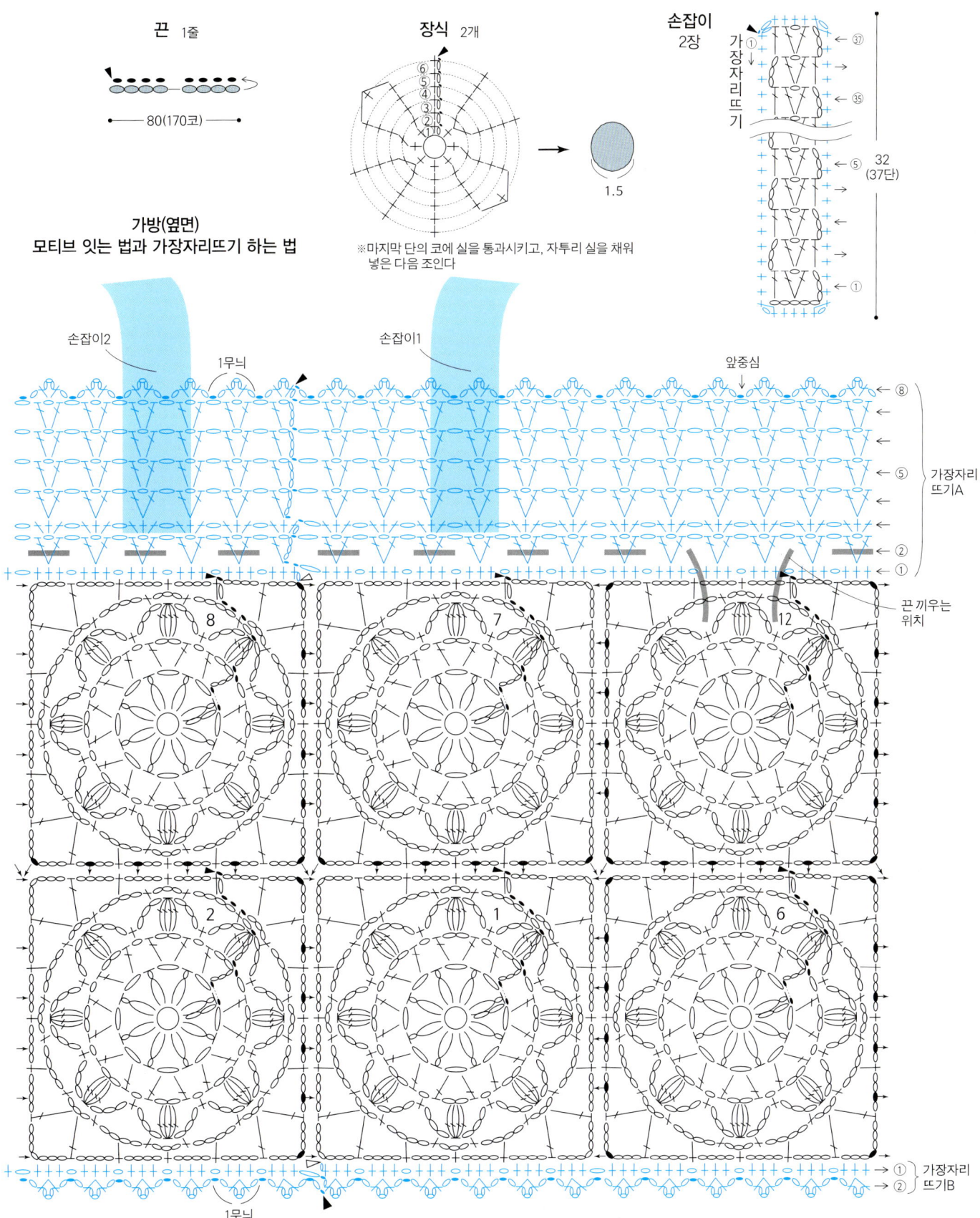

모티브를 응용해서 뜨기 — 납작 가방 뜨는 법

84·85쪽에 있는 모티브(공통)

- 손뜨개는 '사슬뜨기로 원을 만드는 방법'(16쪽 참조)으로 시작합니다.
- 2단의 짧은뜨기는 1단의 한길 긴뜨기(기둥코인 사슬 3코) 2코의 사이에 바늘을 넣고 다발을 줍는 부분과 1단의 사슬을 다발로 줍는 부분을 번갈아 뜹니다.
- 4단의 짧은뜨기는 3단의 팝콘뜨기의 한길 긴뜨기 두 번째 코와 세 번째 코 사이로 뒤쪽에서 바늘을 넣어, 2단의 사슬을 다발로 주워서 뜹니다.
- 104쪽 뜨기 포인트에 과정 설명이 있습니다.

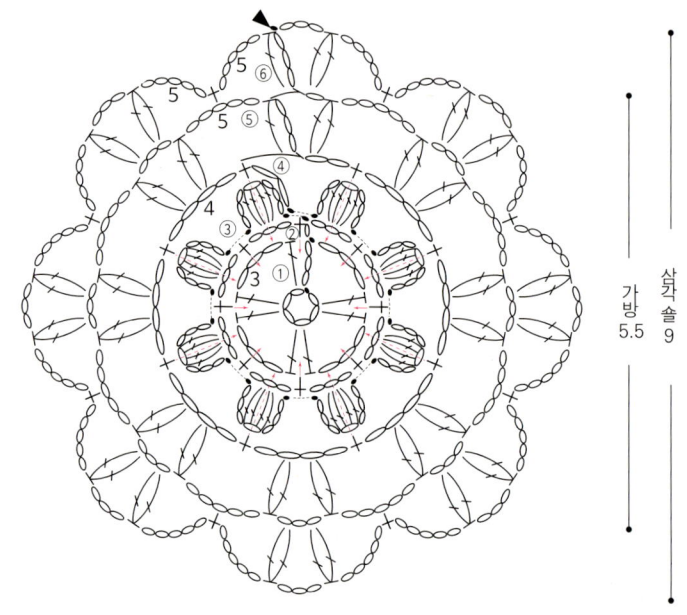

※ 가방은 5단까지, 삼각 숄은 6단까지 뜬다
※ 가방의 경우, 손뜨개 끝(5단의 마지막)은 긴뜨기를 사슬 2코로 바꾸고, 5단의 첫 한길 긴뜨기의 머리에 빼뜨기하여 끝낸다

84쪽 납작 가방

- **실** 합태사 종류의 스트레이트[퍼피 코튼코나 노란색(52) 60g, 갈색(70) 44g, 녹색(51) 37g, 베이지(41) 24g]
- **바늘** 코바늘 4/0호
- **기타** 가죽 손잡이(48cm)…1세트
- **모티브 크기** 5.5×5.5cm
- **완성 크기** 가로 22×세로 28.5cm
- **모티브 잇기 테크닉**
  - 테크닉 1 빼뜨기로 뜨면서 잇기(40쪽 참조)
- **뜨기 포인트**

가장자리뜨기 시작은 모티브 마지막 단의 사슬뜨기에 실을 연결하고, 왕복하여 원통뜨기를 합니다.

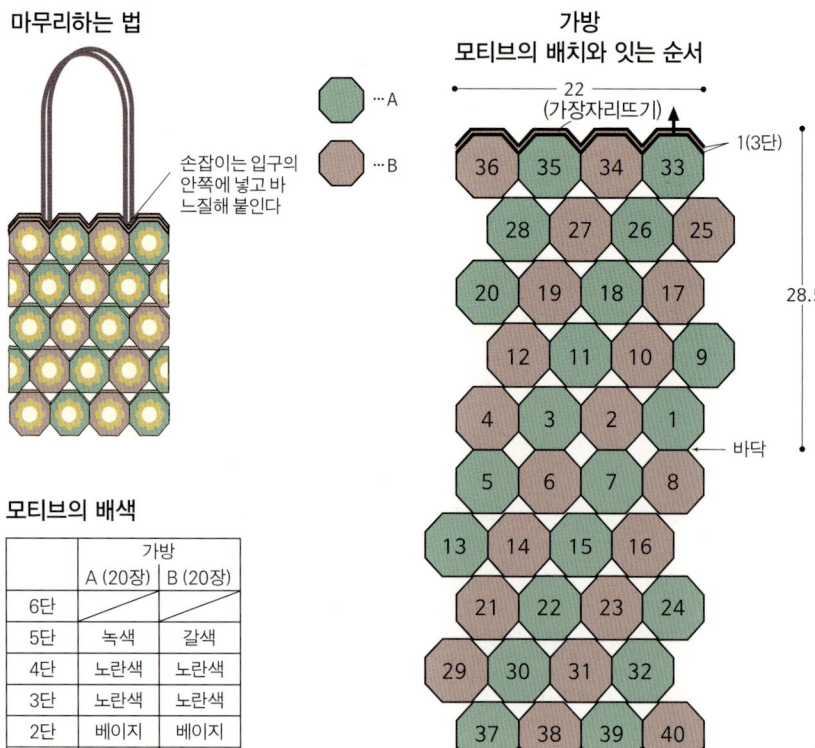

마무리하는 법 — 손잡이는 입구의 안쪽에 넣고 바느질해 붙인다

모티브의 배색

	가방	
	A (20장)	B (20장)
6단		
5단	녹색	갈색
4단	노란색	노란색
3단	노란색	노란색
2단	베이지	베이지
1단	베이지	베이지

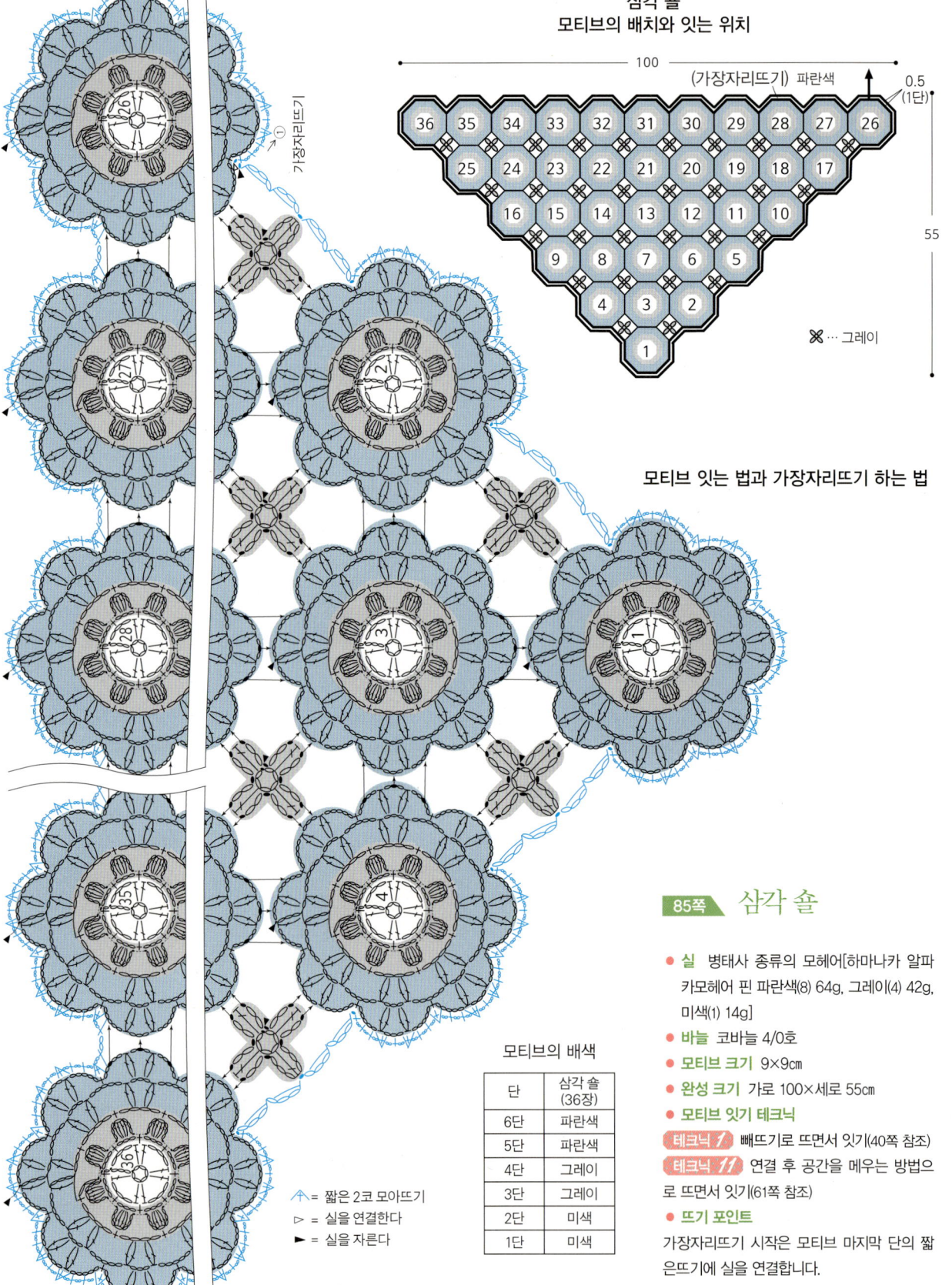

72~85쪽에 나오는 모티브 뜨기 포인트

72~85쪽에 나오는 모티브 뜨는 법에서 헛갈리기 쉬운 부분을 다루었습니다.

둥근 모티브 (72~73쪽)

※ 2단의 첫 '한길 긴 5코 팝콘뜨기'

1. 기둥코로 사슬 3코를 뜨고, 같은 코(1단의 첫 짧은뜨기의 머리)에 한길 긴뜨기를 4코 떴습니다.

2. 잠시 코바늘을 빼고, 기둥코 사슬 세 번째 코의 반코와 코산에 다시 넣습니다.

3. 조금 전 뺐던 코에 다시 한 번 바늘을 걸어 뺍니다.

4. 바늘에 실을 걸어 사슬 1코를 떠서 조이면 완성입니다.

※ 2단 끝의 빼뜨기 위치

1. 팝콘뜨기의 조이는 코가 빼뜨기 할 곳입니다.

2. 사슬코 2가닥을 주워, 실을 걸어 뺍니다.

3. 빼뜨기를 끝냈습니다.

삼각형 모티브 (76~77쪽)   ※ 2단 시작

1. 1단을 떴습니다(마지막 코는 두길 긴뜨기).

2. 기둥코로 사슬 3코를 뜨고, 1단의 마지막인 두길 긴뜨기로 생긴 공간에 한길 긴뜨기를 뜹니다.

3. 한길 긴뜨기를 떴습니다.

4. 같은 곳에 코바늘을 넣으면서 뜨개 도안대로 한길 긴뜨기 2코, 긴뜨기, 짧은뜨기를 뜹니다.

꽃 모티브 (78~79쪽)   ※ 2단 뜨는 법

1. 기둥코인 사슬 1코와 짧은뜨기를 뜹니다.

2. 사슬을 3코 뜹니다.

3. 첫 짧은뜨기와 같은 곳에 짧은뜨기를 뜹니다. 사슬을 1코 뜨고, 다음 코에도 짧은뜨기를 1코, 사슬 3코, 짧은뜨기 1코를 뜹니다.

4. 2단을 떴습니다. 1단의 모든 짧은뜨기 코에, 2단의 짧은뜨기가 2코씩 들어 있습니다.

❋ 4단 뜨는 법

1. 기둥코로 사슬 1코를 뜨고, 다음의 짧은뜨기는 2단에서 1코의 사슬을 뒤쪽에서 주워서 뜹니다.

2. 코바늘을 넣은 모습입니다.

3. 3단을 앞으로 접듯이 하여 실을 걸고, 뺍니다.

4. 다시 한 번 실을 걸어 뺍니다.

5. 짧은뜨기를 떴습니다.

6. 사슬을 5코 뜹니다.

7. 그 다음에 사슬코를 화살표와 같이 뒤쪽에서 줍습니다. 구분이 쉽지 않을 때는 뜨개바탕을 손가락으로 벌려 봅니다.

8. 모두 떴습니다.

꽃 모티브 (84~85쪽)

❋ 2단의 짧은뜨기 뜨는 법

1. 2단의 기둥코로 사슬 1코를 뜹니다.

2. 1단의 기둥코인 사슬 3코와 한길 긴뜨기의 사이에 바늘을 넣습니다.

3. 실을 빼서 짧은뜨기를 뜹니다(다음 짧은뜨기와의 사이에는 사슬 3코를 뜹니다).

4. 다음 짧은뜨기는 1단의 사슬을 다발로 주워서 뜨고, 그 다음의 짧은뜨기는 1단의 한길 긴뜨기 2코의 사이에 바늘을 넣어 뜨기를 반복합니다.

❋ 4단의 짧은뜨기 뜨는 법

1. 4단의 기둥코로 사슬 2코를 뜹니다.

2. 꽃잎을 앞으로 넘기고, 3단의 팝콘뜨기의 중심(두 번째 코와 세 번째 코 사이)으로 뒤쪽에서 바늘을 넣습니다.

3. 2단의 사슬을 다발로 주워, 실을 뺍니다.

4. 짧은뜨기를 뜹니다. 4단의 짧은뜨기는 전부 같은 방법으로 뜹니다.

이 책에 나오는 뜨개 기호와 뜨는 법

이 책의 모티브에서 사용한 뜨개코는 전부 코바늘뜨기에서 자주 사용하는 것들입니다.
설명을 보지 않고 뜰 수 있을 때까지 연습해보세요.

○ 사슬뜨기

코바늘뜨기의 기본 뜨기법
코바늘에 실을 걸고, 바늘에 걸린 코 안에서 뺍니다.

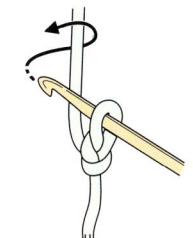 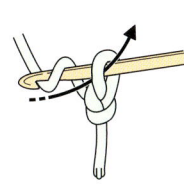 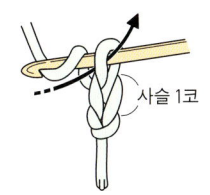 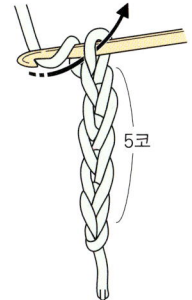

1. 화살표와 같이 코바늘을 움직여서 실을 겁니다.
2. 바늘에 걸린 코 안에서 실을 뺍니다.
3. 사슬뜨기를 1코 떴습니다. 다음도 실을 걸어 뺍니다.
4. 실을 걸어서 빼기를 반복하여 필요한 콧수를 뜹니다.

● 빼뜨기

높이가 없는 뜨개코. 모티브에서는 손뜨개 단의 끝을 시작에 연결할 때에 자주 사용합니다.
'앞단의 코에 바늘을 넣고, 실을 걸어 빼기'의 동작입니다.

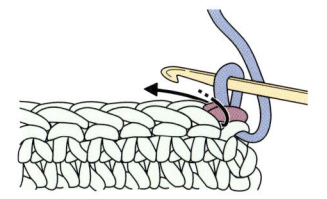 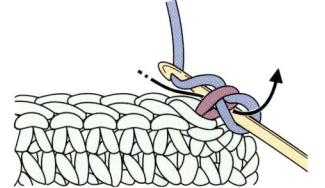 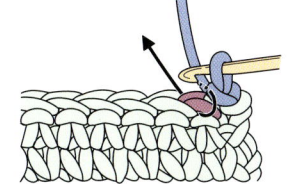

1. 빼뜨기를 뜨고 싶은 곳(여기서는 앞단 짧은뜨기의 머리 2가닥)에 코바늘을 넣습니다.
2. 바늘에 실을 걸고, 화살표와 같이 한 번에 실을 빼냅니다.
3. 빼뜨기를 1코 떴습니다. 다음도 같은 방법으로 뜹니다.

+(×) 짧은뜨기

사슬 1코 높이의 뜨개코. 앞단에 바늘을 넣고, 실을 걸어 빼고,
다시 한 번 실을 걸어 코바늘에 걸린 실을 뺍니다.

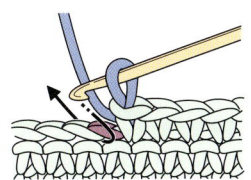 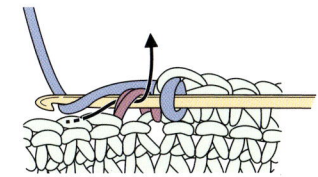 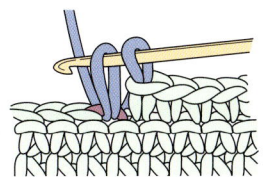

1. 앞단 짧은뜨기의 머리 2가닥에 코바늘을 넣습니다.
2. 바늘에 실을 걸어 화살표와 같이 실을 뺍니다.
3. 빼내는 실의 길이는 사슬 1코 분량입니다.

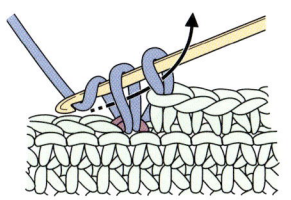 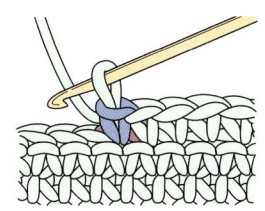

4. 다시 한 번 실을 걸어 고리 2개를 한 번에 뺍니다.
5. 짧은뜨기를 1코 떴습니다.

┬ 긴뜨기

사슬 2코 높이의 뜨개코. 바늘에 실을 건 다음, 앞단에 바늘을 넣습니다.
실을 걸고 빼고, 다시 한 번 실을 걸어 코바늘에 걸린 실을 한 번에 빼냅니다.

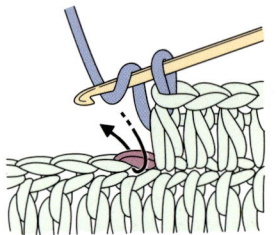 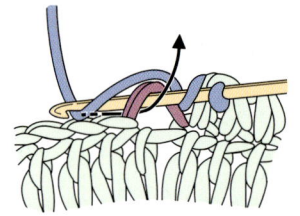 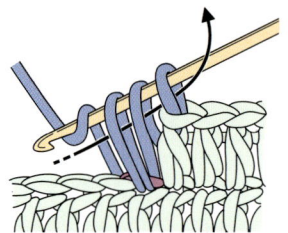 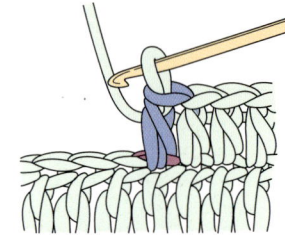

1. 코바늘에 실을 걸고, 앞단의 긴뜨기 머리 2가닥에 바늘을 넣습니다.
2. 바늘에 실을 걸어 화살표와 같이 뺍니다. 빼내는 실의 길이는 사슬 2코 분량입니다.
3. 다시 한 번 실을 걸고, 바늘에 걸려 있는 고리 3개를 한 번에 뺍니다.
4. 긴뜨기를 1코 떴습니다.

┼ 한길 긴뜨기

사슬 3코 높이의 뜨개코. 바늘에 실을 건 다음, 앞단에 코바늘을 넣습니다. 실을 걸어 빼고, 다음은 실을 걸어 고리를 2개씩 빼내는 동작을 2번 합니다.

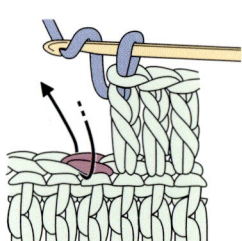 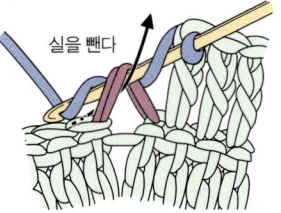

1. 코바늘에 실을 걸고, 앞단의 한길 긴뜨기 머리 2가닥에 바늘을 넣습니다.
2. 바늘에 실을 걸어 화살표와 같이 뺍니다. 빼내는 길이는 사슬 2코 분량입니다.

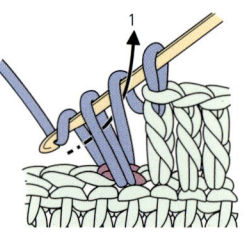 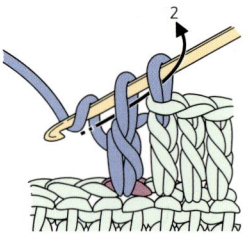

3. 바늘에 실을 걸고, 왼쪽의 고리 2개를 화살표와 같이 뺍니다.
4. 다시 한 번 실을 걸고, 남은 고리 2개를 뺍니다.

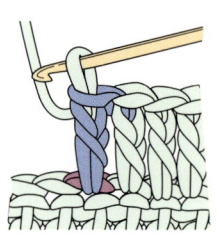

5. 한길 긴뜨기를 1코 떴습니다.

╪ 두길 긴뜨기

사슬 4코 높이의 뜨개코. 바늘에 실을 2번 감아서 앞단에 코바늘을 넣습니다. 실을 걸어 빼고, 다음은 실을 걸어 고리를 2개씩 빼는 동작을 3번 합니다.

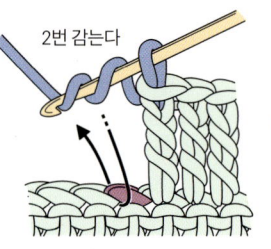 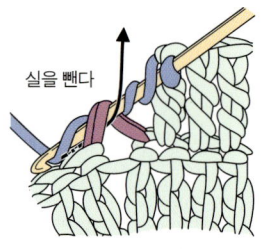

1. 코바늘에 실을 2번 감고, 앞단의 두길 긴뜨기 머리 2가닥에 바늘을 넣습니다.
2. 바늘에 실을 걸어 화살표와 같이 뺍니다. 빼내는 실의 길이는 사슬 2코 분량입니다.

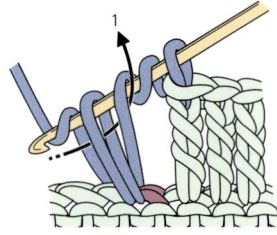 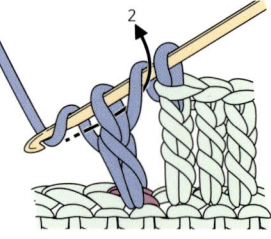

3. 바늘에 실을 걸고, 왼쪽의 고리 2개를 화살표와 같이 뺍니다.
4. 한 번 더 실을 걸고, 왼쪽의 고리 2개를 뺍니다.

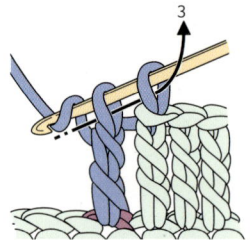 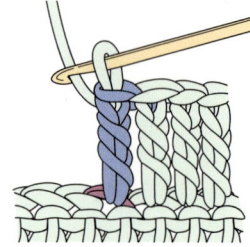

5. 다시 한 번 더 실을 걸고 남은 고리 2개를 뺍니다.
6. 두길 긴뜨기를 1코 떴습니다.

∨ 짧은 2코 늘려뜨기

앞단의 같은 코에 짧은뜨기를 2코 떠서 콧수를 늘립니다(늘림코).

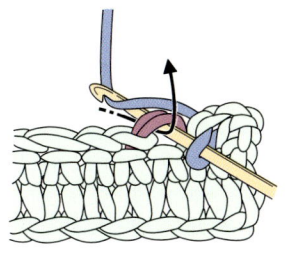

1. 앞단의 짧은뜨기 머리 2가닥에 코바늘을 넣고 실을 걸어, 사슬 1코 높이의 실을 뺍니다.

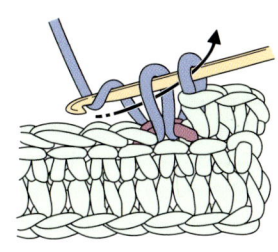

2. 다시 한 번 실을 걸어 뺍니다(짧은뜨기 1코).

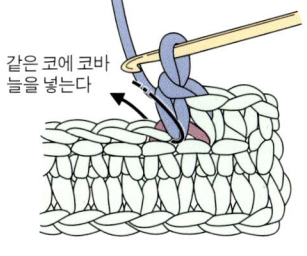

3. 같은 곳에 한 번 더 바늘을 넣습니다.

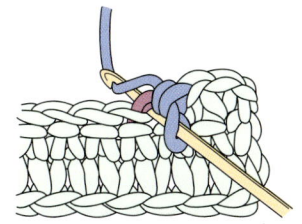

4. 실을 걸어 사슬 1코 높이만큼 실을 뺍니다.

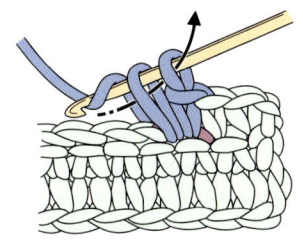

5. 다시 한 번 실을 걸어 고리 2개를 한 번에 뺍니다.

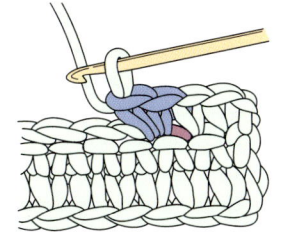

6. 같은 코에 짧은뜨기를 2코 떴습니다.

⋀ 한길 긴 2코 모아뜨기

앞단의 2코를 1코로 모으는(줄임코) 뜨기법입니다.
미완성 한길 긴뜨기를 2코 뜨고, 마지막에 하나로 모아 완성시킵니다.

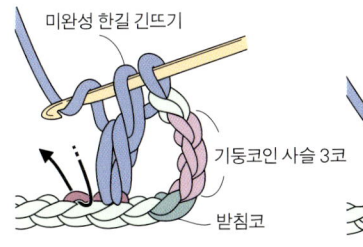

1. 바늘에 실을 걸고, 앞단(이 경우는 사슬의 코산)에 바늘을 넣어 한길 긴뜨기를 뜨는데 마지막의 빼뜨기는 하지 않습니다(미완성 한길 긴뜨기).

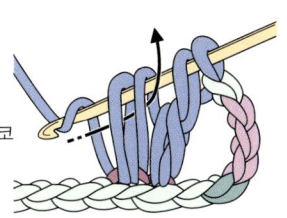

2. 그 상태로 옆의 코에 다음의 한길 긴뜨기를 뜨는데 이 코도 마지막의 빼뜨기는 하지 않습니다.

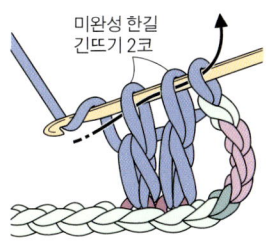

3. 바늘에 실을 걸고, 코바늘에 걸려 있는 고리 3개를 한 번에 뺍니다.

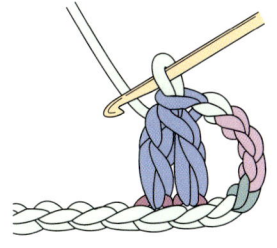

4. 한길 긴 2코 모아뜨기를 떴습니다.

*74, 75쪽에 있는 모티브는 앞단의 한길 긴뜨기의 머리 2가닥에 바늘을 넣고, 이 뜨기법으로 뜹니다.
*85쪽에 있는 모티브에서 짧은 2코 모아뜨기는 한길 긴뜨기를 짧은뜨기로 바꾸어 똑같이 뜹니다.

한길 긴 3코 모아뜨기

앞단의 3코를 1코로 모으는(줄임코) 뜨기법입니다.
2코 모아뜨기와 같은 방법으로 3코를 모읍니다.

1. 먼저 위의 '한길 긴 2코 모아뜨기'의 1~2와 똑같이 뜹니다.

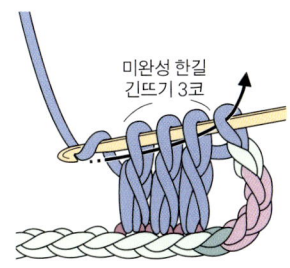

2. 1코 더, 마찬가지로 미완성 한길 긴뜨기를 뜨고, 마지막으로 실을 걸어 코바늘에 걸려 있는 고리 4개를 한 번에 뺍니다.

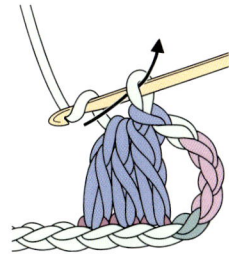

3. 한길 긴 3코 모아뜨기를 떴습니다. 그대로 다음을 떠서 진행합니다.

긴 3코 구슬뜨기

한곳에 미완성 긴뜨기를 3코 뜨고, 마지막에 하나로 모아서 뺍니다.
둥글고 입체적인 뜨개코입니다.
1코에 뜰 때와 다발에 뜰 때의 기호가 다릅니다.

1코에 뜰 때

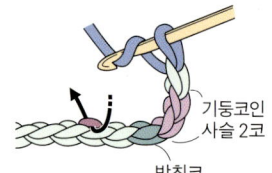 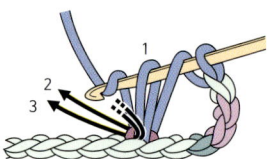 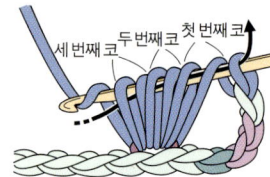 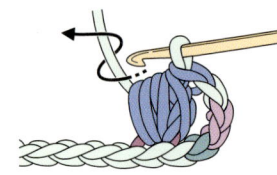

1. 코바늘에 실을 걸고, 앞단(이 경우는 사슬의 코산)에 바늘을 넣어 사슬 2코 길이만큼 실을 뺍니다.

2. 1을 2번 더 반복하여, 같은 곳에 미완성 긴뜨기를 총 3코 뜹니다.

3. 이 시점에서 바늘에는 고리 7개가 걸려 있습니다. 실을 걸어 한 번에 뺍니다.

4. 긴 3코 구슬뜨기 코를 떴습니다. 다음의 사슬을 뜨면 뜨개코가 안정됩니다.

*80, 81쪽에 있는 모티브는 앞단의 짧은뜨기의 머리 2가닥에 바늘을 넣고, 이 뜨개법으로 뜹니다.

다발에 뜰 때

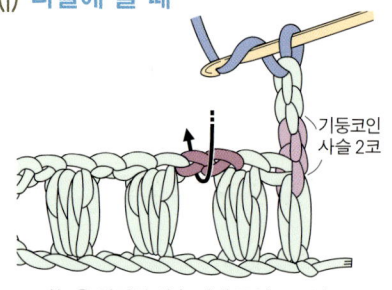 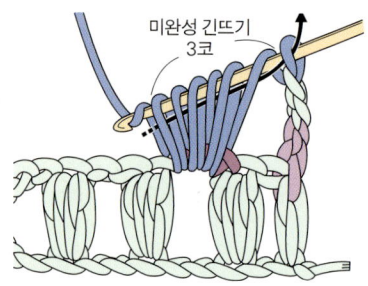 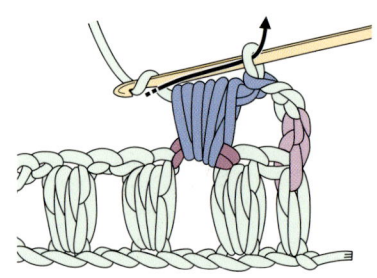

1. 코바늘을 앞단의 사슬 아래 공간으로 넣고, 1코에 뜰 때와 마찬가지로 미완성 긴뜨기를 뜹니다.

2. 미완성 긴뜨기를 3코 떴습니다. 실을 걸어 한 번에 뺍니다.

3. 긴 3코 구슬뜨기 코를 떴습니다. 다음의 사슬을 뜨면 뜨개코가 안정됩니다.

긴 2코 구슬뜨기

한곳에 미완성 긴뜨기를 2코 뜨고, 마지막에 하나로 모아서 뺍니다.
방법은 긴 3코 구슬뜨기와 같습니다.

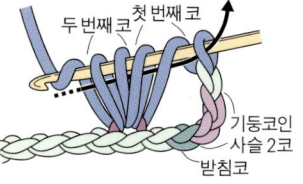 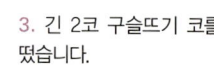

1. '긴 3코 구슬뜨기'를 참조하면서 같은 곳에 미완성 긴뜨기를 2코 뜹니다.

2. 실을 걸어, 코바늘에 걸려 있는 고리 5개를 한 번에 뺍니다.

3. 긴 2코 구슬뜨기 코를 떴습니다.

*72, 73쪽에 있는 작품의 가장자리뜨기는 짧은뜨기 다음의 사슬 네 번째 코의 머리 1가닥과 코산에 바늘을 넣고, 이 뜨개법으로 뜹니다.

긴 2코 변형 구슬뜨기

미완성 긴뜨기 2코를 뜨는 부분까지는 긴 2코 구슬뜨기와 같지만 마지막에 고리를 한 개 남기고 뺍니다.

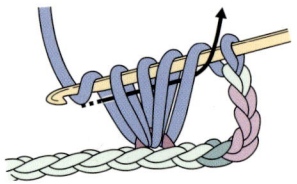 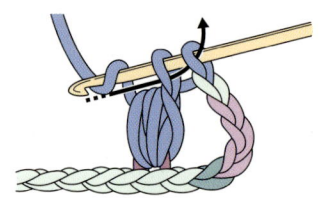 

1. 같은 곳에 미완성 긴뜨기를 2코 뜨고, 실을 걸어 고리 4개를 뺍니다(가장 오른쪽의 고리를 남긴다).

2. 다시 한 번 실을 걸어, 코바늘에 남은 고리 2개를 뺍니다.

3. 긴 2코 변형 구슬뜨기 코를 떴습니다.

*82, 83쪽에 있는 모티브는 기초코의 원에 바늘을 푹 넣고, 이 뜨개법으로 뜹니다.

 ## 한길 긴 3코 구슬뜨기

한곳에 미완성 한길 긴뜨기 3코를 뜨고, 마지막에 모아서 뺍니다.
둥글고 입체적인 뜨개코가 됩니다. 1코에 뜰 때와 다발에 뜰 때의 기호가 다릅니다.

 ### 1코에 뜰 때

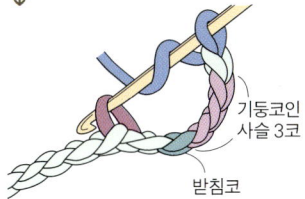
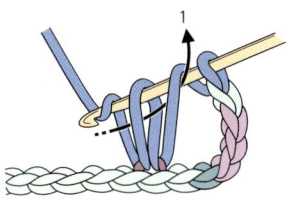
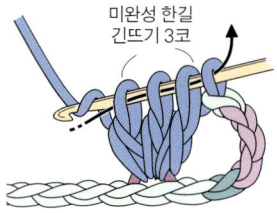

1. 코바늘에 실을 걸고, 앞단(이 경우는 사슬의 코산)에 바늘을 넣어 사슬 2코 길이만큼 실을 뺍니다.

2. 바늘에 실을 걸어, 왼쪽의 고리 2개를 뺍니다.

3. 1, 2를 2번 더 반복하여, 같은 곳에 미완성 한길 긴뜨기를 총 3코 뜨고, 실을 걸어 한 번에 뺍니다.

4. 한길 긴 3코 구슬뜨기 코를 떴습니다.

다발에 뜰 때

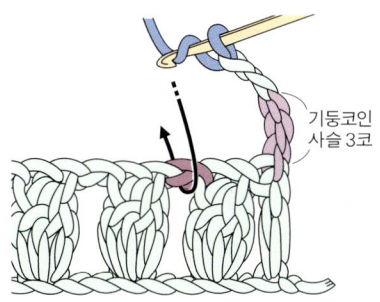
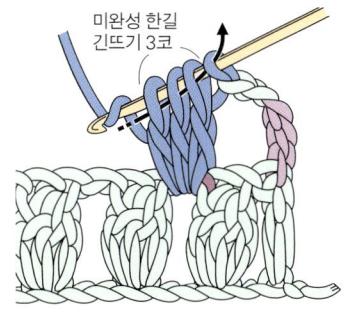
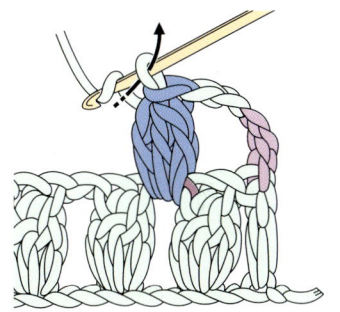

1. 코바늘을 앞단의 사슬 아래 공간으로 넣고, 1코에 뜰 때와 마찬가지로 미완성 한길 긴뜨기를 뜹니다.

2. 미완성 한길 긴뜨기를 3코 떴습니다. 실을 걸어 한 번에 뺍니다.

3. 한길 긴 3코 구슬뜨기 코를 떴습니다. 다음 코를 떠서 진행합니다.

*76, 77쪽에 있는 모티브는 기초코의 원에 바늘을 푹 넣고, 이 뜨기법으로 뜹니다.

 ## 한길 긴 2코 구슬뜨기

한곳에 미완성 한길 긴뜨기를 2코 뜨고, 마지막에 모아서 뺍니다.
방법은 한길 긴 3코 구슬뜨기와 같습니다.

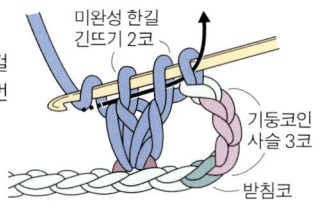
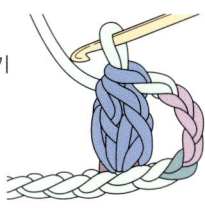

1. '한길 긴 3코 구슬뜨기'를 참조하면서 같은 곳에 미완성 한길 긴뜨기를 2코 뜹니다.

2. 실을 걸고 코바늘에 걸려 있는 고리 3개를 한 번에 뺍니다.

3. 한길 긴 2코 구슬뜨기 코를 떴습니다.

 ## 한길 긴 5코 팝콘뜨기

구슬뜨기를 더욱 입체적으로 만든 듯한 뜨개코입니다.
올록볼록해서 귀여운 느낌입니다.

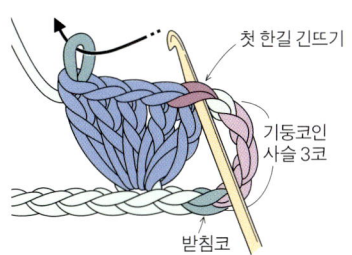
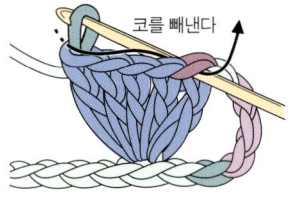
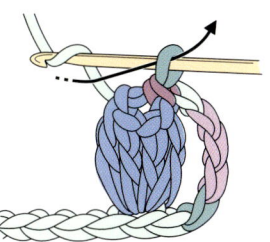

1. 앞단(이 경우는 사슬의 코산)의 같은 코에 한길 긴뜨기를 5코 뜨고 잠시 코바늘을 뺀 다음, 첫 한길 긴뜨기의 머리 2가닥과 조금 전에 바늘을 뺀 코에 다시 바늘을 넣습니다.

2. 그 상태에서 화살표와 같이 바늘을 당겨, 다섯 번째 코를 첫 번째 코로 통과시켜 뺍니다.

3. 사슬을 1코 뜨고 조이면 한길 긴 5코 팝콘뜨기가 완성됩니다.

*72, 73쪽에 있는 모티브는 앞단의 짧은뜨기 머리 2가닥에 바늘을 넣고, 이 뜨기법으로 뜹니다.

사슬 3코 빼뜨기의 피코뜨기 (사슬뜨기에서)

사슬뜨기 도중에 사슬로 뜨는 동그랗고 통통한 뜨개코를 만듭니다. 콧수가 늘어도 요령은 같습니다.

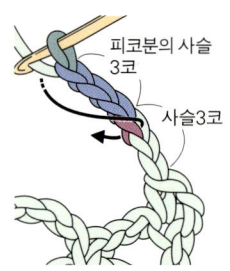

1. 피코분의 사슬 3코를 뜨고, 그 전 사슬의 반코와 코산에 바늘을 넣습니다.

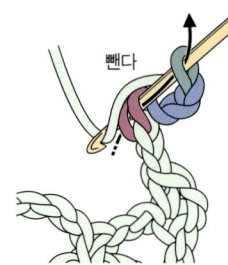

2. 코바늘에 실을 걸어 뺍니다.

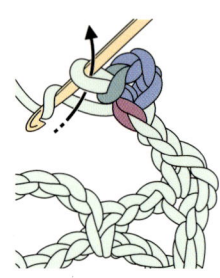

3. 사슬 3코 빼뜨기의 피코뜨기를 떴습니다. 다음 부분을 이어서 뜹니다.

사슬 3코 빼뜨기의 피코뜨기 (한길 긴뜨기에서)

한길 긴뜨기의 머리에 사슬로 뜨는 동그랗고 통통한 뜨개코가 붙습니다. 콧수가 늘어도 요령은 같습니다.

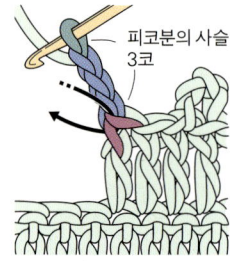

1. 한길 긴뜨기에 이어 사슬 3코를 뜨고, 한길 긴뜨기 머리의 앞쪽 반코와 다리의 실 1가닥에 코바늘을 넣습니다.

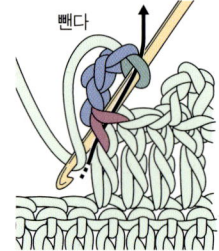

2. 바늘에 실을 걸어 뺍니다.

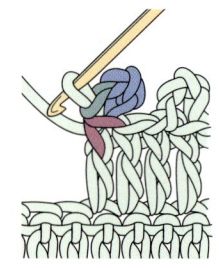

3. 사슬 3코 빼뜨기의 피코뜨기를 떴습니다.

짧은 앞걸어뜨기

기본 뜨기법은 짧은뜨기와 같지만 코바늘을 넣는 위치가 다릅니다. 밑에서 끌어올리듯이 뜹니다.

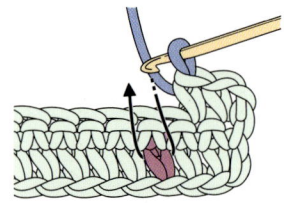 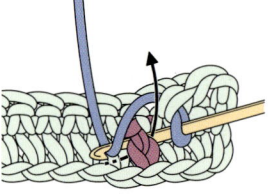 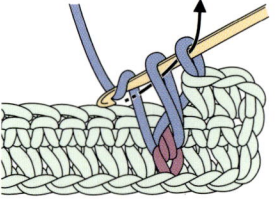 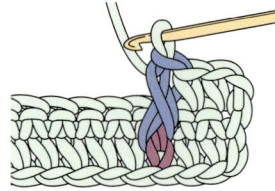

1. 끌어올리는 단(이 경우는 전 전단)의 뜨개코의 다리 전체를 푹 뜨듯이 앞쪽에서 코바늘을 넣습니다.

2. 바늘에 실을 걸고, 조금 길게 뺍니다.

3. 다시 한 번 실을 걸고, 고리 2개를 뺍니다.

4. 짧은 앞걸어뜨기 코를 떴습니다.

짧은 뒤걸어뜨기

짧은 앞걸어뜨기와 코바늘을 넣는 방향이 다른 뜨기법입니다.

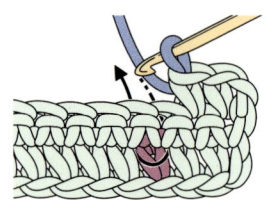 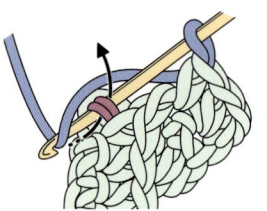 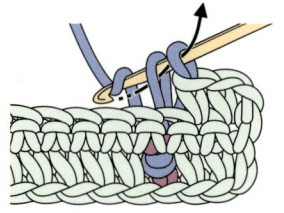 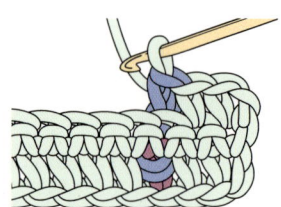

1. 끌어올리는 단(이 경우는 전 전단)의 뜨개코의 다리 전체를 푹 뜨듯이 뒤쪽에서 코바늘을 넣습니다.

2. 바늘에 실을 걸고, 조금 길게 뺍니다.

3. 다시 한 번 실을 걸고, 고리 2개를 뺍니다.

4. 짧은 뒤걸어뜨기 코를 떴습니다.

*20쪽에 있는 모티브의 뜨개 기호는 '뒤걸어뜨기'이지만 뜨개바탕을 뒤집어서 뜨기 때문에 동작은 '앞걸어뜨기'와 같습니다.

이 책에 나오는 테크닉 색인

모티브와 모티브 잇기

다림질하는 법	63
실 정리 (손뜨개 시작)	14 · 16 · 23
실 정리 (손뜨개 끝)	14 · 19 · 23 · 25 · 30
실 끝을 감싸면서 뜨는 방법	28
실 거는 법	8
실 바꾸기	27 · 29 · 30
코바늘 잡는 법	8
뜨개 도안 보는 법	11 · 20 · 24
다발에 뜨기	28
기둥코인 사슬의 콧수	15
기둥코를 세우지 않고 뜨는 방법	15
손뜨개 단의 시작	13 · 17 · 21 · 22 · 23 · 25
손뜨개 단의 끝	13 · 17 · 21 · 23 · 27
기초코·손가락에 실을 감아 원을 만드는 방법	12 · 13
기초코·사슬뜨기로 원을 만드는 방법	16
돗바늘에 실 꿰기	19
휘감는 실을 도중에 보충하기	59
코에 넣기	28
모티브를 모두 뜬 다음에 잇는 순서	55
모티브를 뜨면서 잇는 순서	49

뜨개 기호와 뜨는 법

사슬뜨기	9 · 105
사슬 3코 빼뜨기의 피코뜨기 (사슬뜨기에서)	110
사슬 3코 빼뜨기의 피코뜨기 (한길 긴뜨기에서)	110
짧은뜨기	105
짧은 2코 늘려뜨기	107
짧은 앞걸어뜨기	22 · 110
짧은 뒤걸어뜨기	110
긴뜨기	106
긴 2코 구슬뜨기	108
긴 3코 구슬뜨기	108
긴 2코 변형 구슬뜨기	108
한길 긴뜨기	106
한길 긴 2코 모아뜨기	107
한길 긴 3코 모아뜨기	107
한길 긴 2코 구슬뜨기	109
한길 긴 3코 구슬뜨기	109
한길 긴 5코 팝콘뜨기	103 · 109
두길 긴뜨기	106
빼뜨기	105

ICHIBAN YOKU WAKARU KAGIBARI AMI NO MOTIF TO MOTIF TSUNAGI Enlarged and Revised Edition (NV70210)
Copyright © NIHON VOGUE-SHA 2013
Photographer: Satomi Ochiai, Martha Kawamura, Yukari Shirai

All rights reserved.
First pubished in Japan in 2013 by Nihon Vouge Co., Ltd

This Korean edition is published by arrangement with Nihon Vogue Co., Ltd, Tokyo in care of Tuttle-Mori Agency, Inc., Tokyo through Botong Agency, Seoul.

이 책의 한국어판 저작권은 보통에이전시를 통한 저작권자와의 독점 계약으로 한스미디어가 소유합니다.
신 저작권법에 의하여 한국 내에서 보호를 받는 저작물이므로 무단전재와 무단복제를 금합니다.

쉽게 배우는
모티브 뜨기의 기초

1판 1쇄 발행 | 2015년 9월 23일
1판 4쇄 발행 | 2022년 10월 4일

지은이 일본보그사 편
옮긴이 강수현
펴낸이 김기옥

실용본부장 박재성
편집 실용2팀 이나리, 장윤선
마케터 이지수
영업 전략 김선주
지원 고광현, 김형식, 임민진

디자인 푸른나무디자인
인쇄·제본 민언프린텍

펴낸곳 한스미디어(한즈미디어(주))
주소 121-839 서울시 마포구 양화로 11길 13(서교동, 강원빌딩 5층)
전화 02-707-0337 | 팩스 02-707-0198 | 홈페이지 www.hansmedia.com
출판신고번호 제 313-2003-227호 | 신고일자 2003년 6월 25일

ISBN 979-11-6007-631-8 13590

책값은 뒤표지에 있습니다.
잘못 만들어진 책은 구입하신 서점에서 교환해 드립니다.